Beate Schütz

Aufstiegslieder

Beate Schütz

Aufstiegslieder

15 Mut machende Impulse
für den Weg zurück ins Leben

EDITION WORTSCHATZ

*Druck und Bindung des vorliegenden
Buches erfolgten in Deutschland*

Die Deutsche Bibliothek verzeichnet diese
Publikation in der Deutschen Nationalbibliografie;
detaillierte bibliografische Daten sind im
Internet über www.d-nb.de abrufbar

Bibelzitate, soweit nicht anders angegeben, wurden der
Bibel nach Martin Luthers Übersetzung, revidiert 2017,
© 2016 Deutsche Bibelgesellschaft, Stuttgart, entnommen

Umschlaggestaltung: spoon design,
Olaf Johannson
Umschlagabbildung: Hatalskaya/Shutterstock.com
Satz und Herstellung: Edition Wortschatz

© 2020 Beate Schütz

Edition Wortschatz, Sauerbruchstraße 16, 27478 Cuxhaven

ISBN 978-3-943362-64-0, Bestell-Nr. 588 897

Nachdruck und Vervielfältigung, auch auszugsweise,
nur mit Genehmigung der Autorin

www.edition-wortschatz.de

EDITION WORTSCHATZ

INHALT

Zur Einführung

DER WEG DES FRIEDENS

„… auf dass es erscheine denen, die sitzen in Finsternis und Schatten des Todes, und richte unsere Füße auf den Weg des Friedens."[1] Mit dieser Bitte endet das Benedictus, der Lobgesang, den Zacharias auf die Geburt seines Sohnes Johannes anstimmt. Begeistert feiert er Gott dafür, dass der Erlöser endlich auf dem Weg ist. Der Retter aus der Höhe bringt sein Licht in die tiefsten Verliese des Todes und zeigt den Geretteten den Weg hinaus ins Leben. Er weist sie auf den „Weg des Friedens". Ich stelle mir vor, wie die Befreiten blinzelnd im hellen Tageslicht stehen und sich nach ihrer langen Kerkerhaft erst einmal fremd vorkommen in dieser bunten, lebendigen Welt. Wie funktioniert das Leben hier in der Freiheit noch mal?

Solche „Todeskerker" gibt es überall. Da ist der Geflüchtete, der miterleben musste, wie seine Kameraden im Meer ertranken; da ist die Nachbarin, die den Unfall als Einzige knapp überlebte; da ist die junge Frau, die nach jahrelangem Missbrauch ihren Peinigern entkommt. Für sie alle ist hinterher nichts mehr wie vorher. Die selbstverständlichen Sicherheiten sind zerbrochen. Das Vertrauen, dass das Leben und

---

1   Lukas 1,79.

7

meine Mitmenschen es gut mit mir meinen, ist zutiefst erschüttert. Das Schlimmste ist geschehen und es kann jederzeit wieder geschehen. Wie kann einer, der den Todeskerker überlebte, wieder Fuß fassen im Land des Lebens?

Schon im Alten Testament finden sich Texte und Lieder, die um Sinn im Leiden ringen und den Weg aus der Dunkelheit zurück ans Licht suchen. Die kleine Gruppe der „Wallfahrtspsalmen" beschreibt diesen Weg von der Todeserfahrung zu einem neuen, erfüllten Leben mit vielfältigen Bildern und Zusagen. Wörtlich übersetzt lautet die Überschrift: „Lied des Aufstiegs". Diese Aufwärtsbewegung kann man auf unterschiedliche Weise verstehen. Manche Ausleger deuten die Psalmen als Pilgerlieder für den Weg zur Bergstadt Jerusalem oder als Gesänge auf den Stufen des Tempels. Man kann sie aber auch als allgemeine Beschreibung einer Flucht aus Todesgefahr lesen und in ihnen Stationen eines Weges zurück ins Land des Friedens und des gesegneten Lebens entdecken.

Dabei treffen ganz unterschiedliche, teilweise widersprüchliche Aspekte manchmal geradezu verstörend aufeinander. Die Lieder schreien die erinnerte Angst und den Schmerz heraus, mit dem die Gewalttat die Psalmbeter zurückgelassen hat. Sie beklagen die Zerbrechlichkeit des Friedens und singen von der Sehnsucht nach einem Leben in Sicherheit und in heilsamen Beziehungen. Tastend suchen sie, das zerschlagene Vertrauen wiederzugewinnen, jubelnd feiern sie die noch immer unfassbare Rettung, als längst alles verloren schien. Dabei ist der mühsame Weg in jedem Moment umfangen von der Zuversicht, dass Gott über jeden Schritt wacht. Der letzte Psalm mündet ins Gotteslob, in die Feier seines Friedensreichs und in die Verkündigung seines Segens, der von der Gottesstadt ausgeht und die gesamte Schöpfung durchzieht.

Schritt für Schritt findet der Geflüchtete zurück in die Gemeinschaft der Menschen, die Gott und seinen Frieden suchen. In der Sicherheit dieser Gemeinschaft kann er sich den verstörenden Erinnerungen stellen. Sie bietet ihm Bilder und Worte, sein Erleben auszudrücken und gleichzeitig Gottes rettendes Eingreifen darin zu erkennen. So kann sein Vertrauen auf Gottes verlässliche Zuwendung wachsen, die neue Perspektiven eröffnet und Kräfte freisetzt, auch zukünftige Schicksalsschläge zu überstehen. Als so Gesegneter wird er Teil von Gottes Segensstrom, der beständig in diese Welt der Zerstörung und des Todes fließt, um Leben zu schaffen, zu retten, zu erhalten und zu segnen.

Auch wenn es zunächst so scheinen mag: Die Lieder besingen keinen glatten Highway zum Schalom, dem befriedeten Leben. Die Reise dorthin ist komplexer als jedes noch so durchdachte Heilungsprogramm. Schon überwunden geglaubte Erinnerungen brechen erneut auf und der Gerettete muss wieder um das Vertrauen in Gott, seine Mitmenschen und in die Zukunft ringen. Der Frieden, den er sucht, scheint flüchtig, und doch führt ihn jeder Schritt tiefer in das Friedensland hinein. Manche der Bilder, mit denen der Sänger sein Erleben beschreibt, sind uns heute fremd, ja verstörend, und wir müssen sie uns erst mühsam erschließen. Hinter allen Berichten, Schreien und Gebeten finden wir jedoch dieselben Fragen, Gefühle, Sehnsüchte und Hoffnungen, die uns auch heute noch umtreiben.

Das Zeugnis der Sänger beginnt mit dem dankbaren Ausruf: „Ich rief zu Jahwe in meiner Not und er antwortete mir!" Die Antwort Jahwes leitet uns durch fünf Zyklen von je drei Psalmen. Jede dieser Runden baut auf das auf, was der Wanderer in der vorigen Runde erkannt und verinnerlicht hat. So gleicht der Weg aus dem Kriegs– ins Friedensland einer Spirale, die mehrfach dieselben Themen abschreitet, so dass die im Kriegsland geschlagenen Wunden auf immer tieferen Ebenen Heilung finden. Schritt für Schritt findet der Wanderer in die Gemeinschaft der Friedensmenschen hinein, immer wieder gehen das Ich und das Wir ineinander über. Der einsame Pilger findet seinen Platz in der Solidargemeinschaft seines Volkes Israels. In dessen Geschichte findet er den eigenen Weg vorgezeichnet, sie wird ihm zur Quelle der Zuversicht. Israel kennt die Bedrohung des Lebens im Alltag wie in der großen Geschichte. Zugleich lebt es aus der Erfahrung, dass Gott seine Leute wundersam vor ihren Feinden rettet. So versichern sich der einzelne Wanderer und die gesamte Pilgergruppe immer wieder gegenseitig der rettenden, bewahrenden und segnenden Gegenwart des treuen Gottes auf ihrem langen Weg bis zum Ziel – Leben in Ewigkeit.

Psalm 120

AUFBRUCH AUS DEM
LAND DER LÜGEN

1   *Zu Jahwe rief ich in meiner Not*
    und er antwortete mir!

2   *Jahwe, rette doch meine Seele*
    vor der Lügenlippe, der Trugzunge

3   *Was wird er dir geben*
    und was noch hinzufügen, Trugzunge?

4   *Spitze Kriegerpfeile*
    samt glühenden Ginsterkohlen!

5   *Weh mir! Ich lebte in Meschech,*
    wohnte bei Kedars Zelten.

6   *Lange wohnte sie, meine Seele,*
    beim Friedenshasser

7   *Ich bin ein Friedensmensch,*
    doch wenn ich rede, sind sie für Krieg.

„Ich rief zu Jahwe in meiner Not und er antwortete mir!" Da berichtet jemand von einem Schrei um Hilfe und dessen Erhörung. Begeistert. Dankbar. Fast ein wenig erstaunt: „Ich rief zu *Jahwe*, dem Schöpfer von Himmel und Erde, und wahrhaftig – er *antwortete* mir!"

Nach dieser Ankündigung erwarte ich eine dramatische Erzählung von Lebensgefahr und Rettung in letzter Sekunde, vom spektakulären Eingreifen Gottes oder von wunderbarer Heilung. Stattdessen höre ich von Lug und Trug, sehe spitze Pfeile fliegen und Ginsterkohlen glühen. Dramatisch, ja, aber wo bleibt Gott?

In seiner Erinnerung scheint der Sänger zurückzustürzen in eine schreckliche Vergangenheit, in ein Leben unter feindseligen Menschen. Die Sätze sind kurz, atemlos, ein Aufschrei. Weh mir! Kennen wir seine konkrete Not? Er spricht von Lügenlippen, von Trugzungen. Er sieht sich von Menschen umgeben, die schlecht von ihm reden und seinen Ruf ruinieren. Wir denken an Mobbing, am Arbeitsplatz, in der Schule; an Hatespeech, Shitstorms und Fake News in den sozialen Medien. Auch im eigenen Herzen melden sich solche Stimmen: „Du bist nichts wert!" „Du machst alles falsch!" „Du bist zu dumm, zu ungebildet, zu dick, zu dünn, zu laut, zu leise!" Stimmen, die mich erniedrigen, die mir Lebensraum und Lebensrecht absprechen wollen. Wörtlich schreit der Psalmist zu Gott: „Rette meine Seele!" Das Wort Nefesch, das traditionell mit „Seele" übersetzt wird, bezeichnet ursprünglich die Kehle, durch die lebensnotwendige Luft und Nahrung fließen. Wer atmet, ist ein lebendiges Wesen. Wer mir die Kehle abschnürt, nimmt mir das Leben. Dabei stammen alle diese vernichtenden Stimmen von Lügenzungen! So viel ist dem Sänger klar und er begreift, dass er in dieser feindlichen Umgebung keine Chance hat. Es ist, als wache er auf und sähe zum ersten Mal mit klarem Blick, wo er hier gelandet ist: In Meschech und Kedar!

Diese Namen bezeichnen zwei Völker aus der Umgebung des Psalmdichters. Meschech siedelte am nördlichen, Kedar am südlichen Rand des bekannten Kulturraums. Beide waren für ihre kriegerischen Feindseligkeiten bekannt. Sie werden dem Dichter zum Bild für seine Lage: Er ist gestrandet in einer Gesellschaft wilder, gewalttätiger Menschen, unendlich fern von dem Ort in der Mitte der zivilisierten Welt, an dem Gott selbst wohnt und wo sein Friede, sein Schalom, das Leben prägt. Hier aber, nahe am lebensfeindlichen Chaos der Gottesferne, herrschen Lüge statt Wahrheit, Betrug und Gewalt statt Solidarität und barmherziges Miteinander. Selbst wenn nicht jeder in seiner Umgebung ihm wirklich Übles will – in der Angst tiefer Not scheint es uns oft, als hätte sich alles gegen uns verschworen. Da können selbst wohlmeinende Ratschläge zu spitzen Pfeilen werden, wenn sie die Not mit vorschnellen Rezepten beseitigen wollen.

So stehen Meschech und Kedar für sämtliche Feinde des Lebens: den Terror des Stärkeren, in der Familie, in der Schule, im Job; die Angst vor den Bomben der Feinde oder dem Verrat der Spitzel in den eigenen Reihen. Auch Krankheiten, Unfälle oder Naturkatastrophen kommen als Feinde des Lebens daher. Wie die Feinde in diesem Psalm verdrehen sie die Wahrheit und schlagen schmerzende Wunden. Allein der unaussprechlichen Bedrohung in Bildern Ausdruck zu geben, kann die lähmende Angst aufbrechen, die uns in solchen Zeiten befällt. „Not" heißt hier ursprünglich „Enge", „Bedrängnis": Es geht weder vor noch zurück, man ist den feindlichen Mächten hilflos ausgeliefert.

Wohin wenden Sie sich in Ihrer Not? Hoffentlich sind da liebe Mitmenschen – Familie, Freunde, Experten –, und in der Begegnung wird spürbar: Ich bin nicht mehr allein mit dem, was mich bedrängt und mir den Atem nimmt. Schon diese Erfahrung gibt neue Kraft, setzt in Bewegung, eröffnet ungeahnte Handlungsmöglichkeiten.

Doch nicht immer sind solche Menschen an unserer Seite. Manchmal ist niemand da, manchmal versteht man uns einfach nicht. Not macht einsam, heißt es. Auch der Psalmdichter scheint ganz allein inmitten von Menschen zu stehen, die nur auf Streit und Krieg, Rechthaberei und Abgrenzung aus sind. Doch eine Adresse hat er noch: Jahwe. Auch wenn Gott mit seiner lebenspendenden Kraft unendlich weit entfernt scheint – der Verzweifelte gibt die Hoffnung nicht auf, dass Jahwe seinen Schrei auch aus der für ihn unüberwindlichen Ferne hört.

Wer ist dieser Gott, zu dem der Psalmdichter ruft? Wahrscheinlich kannte er ihn ganz gut. Als Mitglied des Volkes Israel war er mit zahllosen Erzählungen und Liedern aufgewachsen, die bezeugen, wie das ganze Volk oder einzelne Glaubende in ihrer Not zu Gott riefen und er sie hörte und ihnen heraushalf. Am Anfang von Israels Geschichte steht die Befreiung aus der Sklaverei in Ägypten. Viele Psalmen bezeugen, wie Gott die Schreie des Betenden hört und ihn rettet. Jetzt hat unser Sänger dies in seiner eigenen Not erfahren und er fügt sein Zeugnis den vielen anderen vor ihm zu: Gott antwortet mir in meiner Not!

Wie lange hatte er versucht, sich mit seinen Gegnern gütlich zu einigen, doch sie hatten all seine Friedensbemühungen sabotiert! Jetzt findet er endlich Worte für das, was sie ihm antun, und er kann die Augen nicht länger vor der grausamen Wahrheit verschließen: Wenn ich noch länger bleibe, komme ich um!

Wenn Gewalt oder Tod ins Leben einbrechen, können wir das Geschehene in seiner ganzen Tragweite meist nur schrittweise wahrnehmen. Der Gefangene gibt die Hoffnung oft lange nicht auf, den Peiniger zum Einlenken bewegen zu können. Doch irgendwann lässt es sich nicht mehr verdrängen: So kann es nicht weitergehen. Ich muss hier raus!

Gleichzeitig begreift der Dichter, dass all die verletzenden Stimmen von Lügenzungen stammen! Jedes Wort, das Leben bedroht, ist ein Lügenwort! Wahre Worte fördern das Leben. Später wird Jesus Christus, der Sohn Gottes, bezeugen: *„Ich bin der Weg, die Wahrheit und das Leben."*[2] Wahrheit und Leben gehören zusammen. Die Lügenworte, die mich in der Gefangenschaft festnageln wollen, sind nicht die letzte Realität, denn die ist von Gottes Liebe, Treue und Wahrheit zu jedem einzelnen Menschen bestimmt. Gott hat für

---

2   Johannes 14,6.

jeden von uns heilsames Leben im Sinn. So weit hat der Psalmbeter seine Lage verstanden. Die Lügenlippen und Trugzungen bringen ihn um, doch bei Gott ist Rettung.

Aus dieser Erkenntnis heraus kann er endlich die feindlichen Mächte konfrontieren. Mit solcher Rückendeckung wagt er es, sich abzugrenzen, und schleudert seinen Gegnern seine Wut entgegen: So wie du mich mit deinen spitzen Pfeilen der Lüge und der schwelenden Glut der Verleumdung tödlich verletzt hast, so soll es auch dir geschehen! Dabei schwelgt er nicht in glühenden Rachephantasien, er hält ihnen lediglich einen Spiegel vor: „Mit mir nicht! Du solltest einmal am eignen Leib erleben, was du mir antust!" Gott selbst hat die Vergeltung mit dem Talionsprinzip begrenzt: „Auge um Auge, Zahn um Zahn". Zudem hat der Bedrängte nicht vor, die Vergeltung in die eigene Hand zu nehmen. Er befiehlt sie Gott an, der für alle eintritt, die zu ihm um Hilfe schreien, und der dem Täter gerecht vergelten wird. So löst sich endlich die Angst, die ihm die Kehle abschnürt, und mit diesem wütenden Aufschrei befreit er sich aus dem Netz von Lüge und Verrat, in das ihn seine Gegner einspinnen wollen. Sein Blick weitet sich, jetzt begreift er den ganzen Ernst seiner Lage und muss entsetzt ausrufen: „Weh mir, dass ich schon so lange in dieser Lügenwelt lebe!" Viel zu lange hat er unter der Herrschaft der Gewalt gelebt, hat sich vielleicht angepasst oder das ganze Ausmaß der Bosheit verdrängt, wollte die Hoffnung auf eine Versöhnung nicht aufgeben, doch jetzt ist Schluss! Er kann nicht länger bleiben, ohne existentiellen Schaden zu nehmen, ohne sein Leben, seine Integrität zu verlieren. Manchmal ist es an der Zeit zu gehen, um des nackten Überlebens willen.

Worin besteht nun die Antwort Gottes auf den Hilfeschrei des Dichters? Wie sieht die Erhörung aus, die er am Beginn seines Liedes so vollmundig bezeugt? Wir sehen kein spektakuläres Eingreifen Gottes, wir hören nicht einmal ein erlösendes Wort. Stattdessen kommt der Bedrängte selbst in Bewegung. Er erinnert sich an seine tiefste Überzeugung, die so lange unter den Lügenstimmen verschüttet war: „Mein Gott ist ein Gott, der mich sieht und mir antwortet!" Jetzt weiß er wieder, dass Gott mit ihm und für ihn ist. Allein dieses Wissen gibt ihm Kraft, die Lähmung zu überwinden, die bedrohliche Lage in ihrem ganzen Ausmaß wahrzunehmen und die Konsequenzen daraus zu ziehen: Er muss aufbrechen. Er muss die Länder der Lügenlippen und Trugzungen hinter sich lassen und den weiten Weg wagen, zurück in die Mitte der Welt, in eine Gesellschaft der Ordnung und des Friedens, ins Land des Lebens. Er muss den unverbesserlichen Streithähnen den Rücken kehren und an den Ort zurückkehren, von dem er weiß, dass dort der Gott wohnt, zu dem er ruft in der Gewissheit, dass dieser ihn hört.

Psalm 121

AUF DEM WEG

1   *Ich hebe meine Augen auf zu den Bergen.*
     Woher wird mir Hilfe kommen?

2   *Meine Hilfe kommt von Jahwe*
     dem Schöpfer von Himmel und Erde.

3   *Er wird nicht zulassen, dass dein Fuß wankt.*
     Dein Hüter wird nicht ruhen!

4   *Ja, er wird nicht ruhen,*
     und er wird nicht schlafen,
     der Hüter Israels!

5   *Jahwe ist dein Hüter, Jahwe ist dein Schatten*
     über deiner rechten Hand.

6   *Bei Tag wird die Sonne nicht stechen,*
     noch der Mond bei Nacht.

7   *Jahwe wird dich behüten vor allem Bösen*
     er wird deine Seele behüten.

8   *Jahwe wird dein Aufbrechen und*
     Heimkommen behüten,
     von jetzt an und auf immer!

Sie hat es gewagt. Sie hat sich auf den Weg gemacht und alles Vertraute zurückgelassen. Sucht sie neue Herausforderungen? Flieht sie aus Meschech und Kedar, vor Menschen und Mächten, die ihr ans Leben wollen? Jedenfalls findet sie sich plötzlich in einer Umgebung wieder, in der sie völlig auf sich gestellt ist. Hier gibt es keine Straßen mehr, die Orientierung bieten, keine Läden für den täglichen Bedarf; keine Gesetze, die ihr sagen, was gut und böse, richtig oder falsch ist; und vor allem keine Menschen, die ihr Halt durch Zugehörigkeit und Nähe bieten.

Auch hier herrschen gefährliche Mächte. Regen und Sandsturm, Skorpion und Löwe, Hitze am Tag und Kälte in der Nacht – sie erkennt schnell, dass sie ohne Hilfe nicht überleben wird. Doch woher soll die Hilfe kommen? Sie hebt die Augen. Suchend. Immerhin – sie hebt den Blick! Sie starrt nicht krampfhaft auf den Boden, ständig auf der Suche nach dem nächsten Stolperstein, dem nächsten Graben, der nächsten Klippe. Das wäre der sichere Weg in die Verzweiflung. Stattdessen hält sie inne im rastlosen Selbermachen und Hinkriegen-Müssen und schaut sich um.

Trotz bester Vorbereitung kann es geschehen, dass man auf seiner Reise plötzlich auf Hilfe angewiesen ist. Heute rufen wir die Gelben Engel, steuern eine Tankstelle an oder mieten uns über Nacht im Motel ein. Zur Zeit unserer Psalmsängerin waren Reisende den Unwägbarkeiten des Lebens weitgehend ausgeliefert – den Umschwüngen des Wetters und den Unebenheiten des Weges genauso wie den Krankheiten, Unfällen, Missernten oder Kriegen. Ob auf dem Wanderpfad oder dem Lebensweg – wer damals allein unterwegs war, suchte nach jedem möglichen Beistand. Er wusste, wie schnell er auf Hilfe angewiesen sein konnte, um zu überleben.

Unsere Wanderin scheint allein unterwegs zu sein und nach Hilfe muss sie ganz schön weit suchen – bis in die Höhen der Berge. Aus der Nähe erwartet sie keinen Beistand. Vielleicht hat sie schlechte Erfahrungen gemacht, in Meschech und Kedar. Vielleicht ist ihr Vertrauen einmal zu oft enttäuscht worden. Vielleicht ist auch einfach niemand da auf dem einsamen Ziegenpfad. So sucht sie Hilfe bei den großen und kleinen Göttern, deren Tempel und Altäre auf den Höhen stehen und von wo aus sie die Geschicke der Menschen beobachten und eingreifen, wenn ihnen danach ist. Aber auch diese Hilfe ist bestenfalls ein Glücksspiel, denn man kann nie wissen, ob der Gott, zu dem man ruft, wach ist oder schläft, ob er nicht gerade anderweitig beschäftigt ist oder ob man ihn etwa letztens unwissentlich beleidigt hat. So bleibt ihr auch hier nur ein sorgenvolles: „Woher wird mir Hilfe kommen?"

Im Umschauen jedoch weitet sich der Blick und eine Erinnerung aus früheren Zeiten leuchtet auf. Erleichtert ruft sie aus: „Meine Hilfe kommt ja vom HERRN, der Himmel und Erde gemacht hat!" Es gibt Beistand jenseits der prekären Hilfe von Menschen oder anderen Mächten dieser Schöpfung. Gelbe Engel können selbst eine Panne haben, das Motel ist ausgebucht oder wegen Renovierung geschlossen. Jahwe aber, der Gott, der Himmel und Erde mit ihren Mächten und Möglichkeiten geschaffen hat, kann immer und überall bewahren und retten. Er, der die Schöpfung geschaffen hat, ist es auch, der sie erhält. Er, der mein Leben geschaffen hat, wird es auch erhalten.

Diese Erkenntnis kann die einsame Wanderin nicht für sich behalten. Sie sagt es sich selbst immer wieder vor: „Gott ist mit dir. Gib nicht auf!" Sie ruft es allen zu, die ihr auf dem Weg begegnen: „Gott ist unser Hüter!" Die einsame Wanderin wird zur Ermutigerin. Jedem, der ihr Lied hört, spricht sie zu: „Auch deine Hilfe kommt von Jahwe, der Himmel und Erde gemacht hat!"

Der Reigen beginnt mit dem naheliegendsten Bild: Das Schlimmste, was dem Wanderer passieren kann, ist zu stolpern und sich den Fuß zu verletzen. Dann ist die Reise sofort zu Ende. „Wanken" bedeutet mehr als ein kleiner Ausrutscher, nach dem ich mich aufrappele und weitergehe. Vielmehr droht die Wankende endgültig hinzustürzen und liegenzubleiben: Game over! In manchen Psalmen „wanken" die Berge. Die ganze Schöpfung droht zu zerbrechen und alles Leben in den Tod zu reißen. Götterbilder wanken und stürzen und darin wird deutlich: Im Letzten sind sie kraft- und machtlos. Wer sich nicht auf Gott verlässt, wird wanken und ins ewige Vergessen fallen. Nur Gott wankt nicht, nur er kann seine Getreuen davor bewahren, bei allem unvermeidlichen Stolpern und Fallen nicht irgendwann endgültig liegen zu bleiben. In allen Begrenzungen und gerade da, wo wir an der eigenen Schwäche verzweifeln, sorgt Gott selbst dafür, dass seine Pilger ihr Ziel erreichen.

Die Sängerin wird nicht müde, in jedem Vers zu betonen: Gott ist der Hüter. Er wacht über dich, Tag und Nacht! Er braucht nicht zu schlafen, wie andere Menschen oder Götter. Sein Abschleppwagen ist immer zur Stelle, sein Motel immer offen, sein Rettungswagen immer einsatzbereit. Und das nicht nur für dich und mich! Die ganze Geschichte Gottes mit Israel bezeugt: Gott hat sein Volk nie aus den Augen gelassen. Stets hat er liebevoll über es gewacht, auch und gerade da, wo sein Wachen und Hüten kaum wahrnehmbar waren. Vielleicht war der Sängerin das Vertrauen in eine lebenswerte Zukunft in Meschech und Kedar fast abhandengekommen. Nun erinnert sie sich an Gottes Treue und sie beginnt, dieses Vertrauen in Jahwe auf ihrem eigenen Weg zum Schalom neu einzuüben. Sie schaut sich um und entdeckt Gottes behütende Begleitung an allen Stationen ihres Lebens.

So singt sie vom „Schatten über deiner rechten Hand". Unter der heißen Sonne des Orients kann Schatten lebensrettend sein. Der Schatten war ein Bild für die erfrischende Kraft eines Mächtigen, der dem Schutzsuchenden wohlgesinnt ist. Im „Schatten" des Königs stand man unter dessen Schutz und hatte Anteil an den Wohltaten, die er an seine Gefolgsleute ausgab. Die rechte Hand stand für Tatkraft, Einfluss und Durchsetzungsvermögen. Im Gericht stand der Verteidiger auf der rechten Seite des Angeklagten. Stand der König einem zur Rechten, wachte er über seinen Schützling und nahm ihn gegen alle falschen Anklagen in Schutz. So wacht auch Gott über alle, die sich ihm anvertrauen, sobald sie das Haus verlassen und sich auf den gefährlichen Weg durch die Wildnis machen bis zur Heimkehr in die Sicherheit der ummauerten Stadt, der eigenen vier Wände. In allen Bedrohungen und Gefahren bewahrt er unsere Tatkraft und Integrität und sorgt selbst dafür, dass wir das Ziel sicher erreichen.

„Ach ja", mag jetzt der eine oder die andere denken, „das ist ja wirklich schön für die Wanderin, dass sie Gott so erlebt, aber ich habe andere Erfahrungen gemacht. Mich hat Gott nicht vor dem Bösen beschützt, mich hat die Krankheit getroffen, den Unfall hat er nicht verhindert, ich bin gestolpert und so auf die Nase gefallen, dass ich nicht mehr auf die Beine komme. Wo war er damals, als das Kind starb, als die Firma den Familienvater entließ? Der Psalm schwärmt davon, wie Gott uns bewahrt, aber die Realität ist doch allzu oft eine andere!"

Unsere Sängerin weiß jedoch genau, wovon sie spricht. Auch sie hat die Gewalt feindlicher Mächte am eigenen Leib erlebt. Genau darum sucht sie ja nach Hilfe, einer Hilfe, die stärker ist als die Gewalten, die ihr Leben bedrohen. Sie weiß, dass die Strahlen der Sonne gefährlich sind und dass die Nacht unvorhersehbare Gefahren birgt. Sie weiß auch, dass niemand durchs Leben kommt, ohne zu stolpern, zu fallen oder sich auf unguten Wegen zu verirren. Für alle diese Fälle und Unfälle sucht sie Hilfe – und entdeckt in

Gott jemanden, der einerseits weniger, andererseits viel mehr verspricht, als unbeschadet durchs Leben zu kommen. Gott verspricht nicht, uns vor jedem Unglück und allem selbst- und fremdverschuldeten Schaden zu bewahren. Aber er sagt uns zu, in allem das Wichtigste zu behüten: unsere Seele, unser ureigenstes Ich, das von Gemeinschaft, von Begegnung und Vertrauen lebt. Dem tiefen Misstrauen, das sich in einer Welt der Gewalt in die Seele gebrannt hat, tritt dieses Lied entgegen und wirbt mit jeder Zeile um Vertrauen, Vertrauen in den Gott, der unsere Seele bewahrt und der selbst dafür sorgt, dass wir trotz aller Sonnenstiche und Mondsucht, trotz aller Schicksalsschläge und trotz aller Schuld den vertrauensvollen Blick auf ihn nicht verlieren, bis wir in der endgültigen Sicherheit seiner neuen Welt angekommen sind. Eingehüllt in diesen Schutzmantel des Vertrauens kann ich es wagen, aufzubrechen und den nächsten Pass ins Auge zu fassen oder die nächste Wüste zu durchqueren. Wenn mich dann nur im Notfall jemand daran erinnert, die Augen zu heben und mich zu vergewissern, dass mein Hüter über mich wacht!

In der jüdischen Liturgie stellt dieser Psalm als Reisesegen den Wanderer unter den Schutz des Gottes, von dem wir am Ende jedes Gottesdienstes den Segen verkünden: *„Der Herr segne dich und behüte dich! Der Herr lasse sein Angesicht leuchten über dir und sei dir gnädig. Der Herr hebe sein Angesicht über dich und gebe* *dir Frieden!*"[3] So kann uns der vertraute Segensspruch jeden Sonntag daran erinnern, dass unser ganzes Leben unter dem Schutz des Gottes steht, der Himmel und Erde geschaffen hat.

---

3   4. Mose 6,24–26.

Psalm 122

SEHNSUCHTSORT JERUSALEM

Ein Aufstiegsgesang. Nach David

1   *Ich freute mich, als sie mir sagten:*
    Zum Hause Jahwes wollen wir gehen!
2   *Dann standen unsere Füße*
    in deinen Toren, Jerusalem!
3   *Jerusalem, erbaut als Stadt, zusammengefügt,*
    um in ihr zusammenzukommen,
4   *zu der hinaufstiegen die Stämme,*
    die Stämme Jahwes,
    Mahnzeichen für Israel, dem Namen Jahwes
    zu danken.
5   *Denn dort stehen die Throne zum Richtspruch*
    die Throne des Hauses David.
6   *Wünscht Jerusalem Frieden: dass Ruhe*
    finden, die dich lieben;
7   *dass Frieden sei in deinen Mauern,*
    Sorglosigkeit in deinen Häusern.
8   *Um meiner Brüder und meiner Gefährten*
    willen rede ich doch davon: Friede in dir!
9   *Um des Hauses Jahwes unsres Gottes willen*
    erflehe ich Gutes für dich.

Komm, wir gehen! Komm doch mit!

Wie gut so eine Einladung tut! Wer ist schon gerne allein unterwegs? Vor allem, wenn der Weg weit und die Strecke gefährlich ist. Weil sonst nur Hitze und Kälte, Wind und Regen uns begleiten. Weil wir Unfälle und Überfälle befürchten müssen. Weil die Zeit lang und der Proviant knapp wird. In Gemeinschaft vergeht die Zeit schneller. Man teilt die Vorräte, wärmt und ermutigt sich gegenseitig, steht einander bei, wo es eng wird. *„Zwei sind besser dran als einer, weil sie eine gute Belohnung für ihre Mühe haben; denn wenn sie fallen, so richtet der eine den anderen auf... Auch wenn zwei beieinander liegen, so werden sie warm; der Einzelne aber, wie will er warm werden? Und wenn jemand den Einzelnen gewalttätig angreift, so werden ihm die Zwei widerstehen; und eine dreifache Schnur zerreißt nicht so bald"*, schrieb ein weiser Mann im Buch Prediger.[4] Dabei sprach er nicht nur von Reisen auf den Pfaden Palästinas, sondern vom gesamten Lebensweg.

Haben Sie einen Sehnsuchtsort? Einen Ort, von dem sie hoffen, dort zu Hause zu sein, wo Frieden und Wohlergehen das Leben prägen? Wie wäre es, wenn jemand sie einlüde, dorthin mitzukommen?

Der Dichter dieses Psalms sehnte sich nach dem Haus Gottes. Dort, im Tempel, war Gottes Gegenwart ganz konkret sichtbar, hörbar, spürbar. Sogar riechen konnte man ihn im Rauch der täglichen Opfer. Natür-

---

4   Prediger 4,9–12 (*Elberfelder Bibel*).

lich wissen wir, dass Gott immer und überall da ist. Doch sinnliche Erfahrungen seiner Nähe versichern nicht nur dem Kopf, sondern auch Leib, Seele und Geist, dass sie in allem Denken und Fühlen, Tun und Lassen, Planen und Entscheiden in dem Vertrauen ruhen können: Gott ist für mich!

So war die Freude groß, als man ihn einlud: „Zum Hause Jahwes wollen wir gehen!" Kaum waren sie aufgebrochen, standen sie schon staunend in den Toren der Stadtmauern Jerusalems. So schnell vergeht selbst der längste Weg in guter Gemeinschaft.

Die Wanderer treten ein durch das Tor in die gut befestigte Stadt. Sie bewundern die breiten Mauern, die hoch aufragenden Häuser, die gepflasterten Straßen. Ihr erster Weg führt sie zum Tempel, um Gott zu danken für die bewahrte Reise. Sie treffen auf andere Pilgergruppen, feiern gemeinsam und loben ihren Gott.

Jerusalem – der Ort, den Gott sich erwählt und den er zum Versammlungsort für die Stämme seines Volkes bestimmt hat. Sippen und Clans, die so unterschiedlich und zum Teil miteinander verfeindet sind, finden Einheit in der Anbetung des einen Gottes. Aus allen Himmelsrichtungen sind sie herbeigepilgert. Im Dank an ihn richten sie sich auf ihre gemeinsame Mitte aus. Sie feiern den Einen, von dem jeder Einzelne die Fülle des Lebens empfängt.

Gott ruft seine Leute zum Danken zusammen! Nicht das gemeinsame Opfer, nicht Dienst und gemeinsame Ziele bewirken die Einheit, sondern der Dank.

Im Danken vergesse ich, was mir fehlt und was ich dem anderen neide. Ich sehe neu, was ich schon habe, und kann meinem Nächsten seinen Anteil am Leben gönnen. Befreit von der Sorge kann ich mich dem zuwenden, der weniger hat als ich. Dankbarkeit ist die Basis des ersehnten Schalom, des Leben spendenden Friedens. Wo Dankbarkeit vor Gott öffentlich Gestalt gewinnt, können Einzelne, Gemeinschaften und ganze Völker echte Begegnung und Versöhnung erleben.

Hier, am Ort der Gegenwart Gottes, endet die Suche des Wanderers. Hier findet er, wonach er sich in der Ferne gesehnt hat: Den Richterstuhl, von dem aus wahres Recht gesprochen wird; die Instanz, die dafür einsteht, dass jeder ein Recht auf ein Leben in Würde und Frieden hat. Es gibt keinen Frieden ohne Gerechtigkeit. Wir müssen uns nicht mit einem faulen Frieden zufriedengeben, der nur mit einem Schwamm über das Unrecht wischt und weitermacht wie bisher. Vor der Versöhnung und dem Schalom stehen die Throne des Richtspruchs, die dafür sorgen, dass Unrecht beim Namen genannt wird und dem Geschädigten Gerechtigkeit widerfährt.

In seiner Begeisterung kann der Pilger gar nicht mehr aufhören, von dem Frieden zu reden, der ihm in Meschech und Kedar verboten war! Er ruft es über

Jerusalem aus: Friede soll in deinen Mauern sein, Friede in deinen Häusern! In allen Bereichen des Lebens will der Friede sich ausbreiten – in unseren nahen und fernen Beziehungen, im eigenen Inneren und auch und gerade mit Gott. Der eine ringt um Versöhnung mit der eigenen Lebensgeschichte oder alten Feinden, die andere sucht Frieden in ihrem alltäglichen Lebensumfeld. Friede, Schalom ist kein Privatprojekt. Nur in Beziehungen wird er real, nur im Miteinander wird er heilvoll wirksam. Für die ganze Stadt, die gesamte Friedens-Gemeinschaft, erfleht der Beter den Schalom. Leben kann nur gelingen, wenn alle Beteiligten Frieden aktiv verfolgen. Solange die Trugzungen und Lügenlippen ihr Unwesen treiben, ist jeder Friede gefährdet. Selbst das Haus Gottes ist angewiesen auf den Friedenswillen seiner Leute, denn nur in ihrem Miteinander kann sich seine lebenspendende Kraft verwirklichen. Wenn Menschen sich mit lebensfeindlichen Absichten auf Gott berufen, entzieht er sich. Wo kein Friede in den Mauern herrscht, zieht Gott selbst irgendwann aus und sucht sich andere Orte und Weisen, seine Leute zu segnen. Hesekiel schildert es in einer Vision: Gottes Herrlichkeit verlässt seinen Tempel, denn sein Volk hatte Frieden und Gerechtigkeit zu lange verraten.[5]

Jerusalem steht für jeden Ort, an dem Gott mit seiner Lebenskraft und seiner segnenden Zuwendung gegen-

---

5   Hesekiel 10-11.

wärtig ist. Wo man in Dankbarkeit vor Gott kommt, entsteht ein Raum, in dem die Stämme des Hauses Gottes, die Gemeinschaften, Kirchen und Denominationen zusammenkommen können, um gemeinsam Gott zu loben. Hier können Menschen, die einander fremd sind, sich wohlmeinend begegnen. Das beginnt im Kleinen überall dort, wo wir gemeinsam nach Wegen suchen, heilvoll miteinander umzugehen, und mündet in manche Versöhnungsarbeit auf gesellschaftlicher und politischer Ebene. So wird Gemeinde Gottes zu einem Raum, in dem jeder gesehen wird und aufatmen darf, weil ihm das Recht auf heilvolles und gelingendes Leben gewährt wird. Gleichzeitig dürfen wir ganz realistisch sehen, dass die Lügenlippen und Trugzungen auch hier am Werk sind und jede Gelegenheit nutzen, weitere Wunden zu schlagen. Wo die Menschen von Meschech und Kedar überhandnehmen und die Lebenswelt mit Gewalttat und Lüge prägen, ist der Friede manchmal nicht mehr zu retten und dem einsamen Gottessucher bleibt nur die Flucht.

Auf dieser Erde bleibt der Friede immer bedroht. Eins aber ist gewiss: Gott will Frieden und er schafft Frieden. Darum ruft der Psalmdichter seine Zuhörer auf: „Wünscht Jerusalem Frieden, damit Gottes Geliebte Ruhe finden!' So wirkt Jerusalem wie ein Magnet auf alle, die noch in Meschech und Kedar schmachten. Sie lassen sich in die Gegenwart Gottes locken und finden dort einen Raum, in dem sie in der Gemeinschaft der Friedensleute aufatmen und heil werden können.

Psalm 123

SIEH MICH GNÄDIG AN!

Ein Aufstiegsgesang

1 *Zu dir habe ich meine Augen erhoben,*
   der du in den Himmeln thronst.

2 *Ja, wie die Augen von Knechten auf die Hand*
   ihrer Herren,
   wie die Augen einer Magd auf die Hand ihrer
   Herrin,
   so richten auch wir unsre Augen auf Jahwe,
   unseren Gott,
   bis er uns wohlwollend ansieht.

3 *Sieh uns wohlwollend an, Jahwe!*
   Sieh uns wohlwollend an,
   denn wir haben die Verachtung so satt.

4 *Übersättigt sind wir mit dem Spott der*
   Selbstsicheren,
   der Verachtung der Überheblichen!

„Auf dich schaue ich!" Dieser Ausruf ist Anruf und
Bekenntnis zugleich. Auf dem Weg durch die Wildnis glitten die Augen auf der Suche nach Hilfe noch
über die Berge. Nun haben sie ihren Fokus gefunden:
Du! Wir ahnen, wen sie meint, doch erst im zweiten
Vers erfahren wir es: Jahwe, Gott, den HERRN. Nach
der Flucht aus dem Feindesland ist die Pilgerin ange-

kommen am Friedensort. Hier herrschen Recht und Gerechtigkeit, hier ist sie geschützt vor der Willkür der Feinde, umgeben von vielen anderen Friedenssuchern. Nun kann sie das Gespräch mit ihrem Gott neu beginnen.

„Zu dir, der du in den Himmeln thronst!" Nicht von den Bergen kommt die Hilfe, nicht von Mächten der Erde, sondern von dem, der alle Macht hat im Himmel und auf Erden. Er ist der Eine, der nicht in die Machtdynamiken dieser Welt verstrickt ist, der allein frei und unabhängig von allen Zwängen entscheiden und handeln kann. An ihm findet der suchende Blick Halt, ihn möchte ich nie wieder aus dem Blick verlieren, weil mir in seinem Blick das Versprechen von Schutz und Frieden entgegenkommt. So hält auch die Beterin ihre Augen fest auf Gott gerichtet und sie beschreibt dies mit einem Bild, das mich zunächst irritiert:

„Wie die Augen von Knechten auf die Hand ihrer Herren, wie die Augen der Magd auf die Hand ihrer Herrin ..." Da sehe ich einen ängstlichen Diener, eine geduckte Sklavin, die furchtsam den nächsten Schlag der herrischen Hand erwarten. Wieder einmal lässt der Starke seine Macht willkürlich an den Schwächeren aus! Doch im Grunde weiß ich, dass es so nicht gemeint sein kann, und so lese ich weiter:

„... so blicken unsere Augen auf Jahwe, unseren Gott, bis er uns wohlwollend ansieht." Ja, so ergibt es Sinn! Vor diesem Herrn muss niemand in ständiger

Furcht davor leben, aus heiterem Himmel seine harte Hand zu spüren. Ganz im Gegenteil: Die Beterin weiß, dieser Herr wird sich ihr freundlich zuwenden. Sein Blick nimmt sie wertschätzend wahr und spiegelt ihr seine Liebe zurück. So sieht ein Liebender die Geliebte an, ein guter König seine Gefolgsleute, ein verantwortungsvoller Chef seine Angestellten. Ein solcher Herr wird den geliebten und geachteten Diener schützen und fördern. Er wird dafür sorgen, dass es ihm gut geht. Wie sehr sehnt sich die Beterin nach solch einem Blick, denn ringsum hört sie andere Stimmen.

„Vollends ist unsere Seele gesättigt mit dem Spott der Selbstsicheren, der Verachtung der Überheblichen." Wie das? Sind wir denn nicht in Jerusalem, dem Ort des Friedens und der Solidarität? Warum klagt sie hier über Feinde des Lebens? Wir sehen, der Psalm ist, wie die ganze Bibel, gnadenvoll realistisch. In dieser Welt gibt es keinen vollkommenen Friedensort. Schon am Ende des vorigen Psalms flehte der Dichter um Frieden für Jerusalem. Die unheilvollen Prägungen aus den Zeiten von Meschech und Kedar sind mit der Flucht nicht gelöscht, sie wirken weiter, auch in Jerusalem. Viele erleben am Ort der Rettung keineswegs nur freundliche Aufnahme. Der Ankömmling ist der Fremde, der potentiell Bedrohliche, der Gescheiterte. Einer, der nicht in die wohlgeölte Gesellschaft der Alteingesessenen und Erfolgreichen passt und dem oft als erste Erfahrung am Ziel seiner Hoffnungen Misstrauen, Ablehnung, ja Verachtung entgegenschlagen. So setzt sich das Erleben von Meschech und Kedar fort. Dabei hätte die Pilgerin nach den verstörenden Erfahrungen in der Kriegswelt das Gegenteil so nötig: dass sie mit Mitgefühl und Wertschätzung wahrgenommen wird und dass ihr tätige Solidarität entgegenkommt. Stattdessen scheint sie selbst hier unentrinnbar gefangen in der Dynamik der tödlichen Machtspiele, die bis in die Friedensstadt hineinreichen.

Und doch – etwas hat sich geändert: Die Pilgerin ist nicht mehr allein. Ihr Lied beginnt mit dem einsamen „Ich", das die Augen hebt. Doch sogleich entdeckt sie, dass da viele sind, denen es geht wie ihr. So fleht sie weiter um Gottes gütige Zuwendung, nun für die Gemeinschaft aller, die sich in ihrer Einsamkeit und Erniedrigung an ihren Gott wenden. Das einsame „Ich" wird zum „Wir". So findet es Solidarität in der Gemeinschaft der Gottesleute. Unter dem liebevollen Blick des Herrn von Himmel und Erde kann es den Kopf heben, den Feinden des Lebens ins Auge sehen und seinen Weg gehen – den Weg der Heilung und des Friedens in der Gemeinschaft der Friedenssucher.

Psalm 124

ENTKOMMEN!

Ein Aufstiegsgesang. Nach David

1 *Wäre nicht Jahwe gewesen, der für uns war –*
  sprich es aus, Israel!

2 *Wäre nicht Jahwe gewesen, der für uns war,*
  als die Menschen gegen uns aufstanden,

3 *dann hätten sie uns lebendig verschlungen,*
  als ihre Wut gegen uns entbrannte.

4 *Dann hätten die Fluten uns mitgerissen,*
  der Strom unsre Kehle überspült!

5 *Dann hätten sie unsre Kehle überspült,*
  die tobenden Wasser!

6 *Gelobt sei Jahwe, der uns nicht preisgab*
  als Beute für ihre Zähne.

7 *Unser Leben – wie ein Vogel ist es entwischt*
  aus dem Netz der Vogelfänger,
  das Netz ist zerrissen und wir, wir sind
  entwischt!

8 *Unsere Hilfe ist im Namen Jahwes,*
  des Schöpfers von Himmel und Erde.

„Wäre Gott nicht gewesen, damals ... Wir wären nicht hier!" So beginnt die Erzählung der Flucht, die Erinnerung an das Entkommen. Die ganze Wucht der Todesgefahr wird wieder spürbar, das Entsetzen beim

Gedanken, was geschehen wäre, wenn ... Gott nicht da gewesen wäre, wenn er nicht für uns eingegriffen hätte! Aber – er hat ja eingegriffen, sonst könnten wir diese Erfahrung nicht teilen. So schwingt in der Erinnerung an die Todesgefahr die Erleichterung über die Rettung mit und sie mündet in das dankbare Bekenntnis: So soll Israel es bezeugen und verkünden!

Man spürt, wie die Erinnerungen den Erzähler geradewegs überfallen. Atemlos beschreibt er, wie Mächtigere ihm Gewalt antaten. Er kann es nur in Bilder von Naturgewalten fassen, wie sie in seiner Zeit für die dunklen Mächte des Chaos standen, die ständig die guten Ordnungen der Schöpfung bedrohten und sämtliches Leben darin zu vernichten suchten. Er fühlte sich, als würde er von einem wilden Raubtier verschlungen oder von einer gewaltigen Wasserflut fortgerissen. Für ihn und seine Zeitgenossen waren dies reale Gefahren. In den Bergen, Wäldern und Wüsten lebten Wölfe, Bären und Löwen. In der Regenzeit konnten sich die steil abfallenden Schluchten der Berglandschaften innerhalb von Sekunden in reißende Ströme verwandeln. Geriet man in die Fänge eines Raubtiers oder stand unversehens im Weg eines tosenden Wasserfalls, gab es kein Entkommen. Gegen diese Mächte konnte ein Mensch nichts ausrichten, wie auch ein Vogel dem Vogelfänger ausgeliefert ist, der ihn in seiner raffinierten Falle gefangen hat. Mit seiner sprachgewaltigen Erinnerung reißt der Erzähler seine Zuhörer mit hinein in den Strom des Entsetzens angesichts der drohenden Vernichtung und wem bisher die

Worte für seine Grenzerfahrungen fehlten, der kann nun im Mitleiden und Mit-Schreien auch seinem eigenen Erleben Ausdruck geben.

Warum überfällt den Erzähler die Erinnerung gerade jetzt, hier in Jerusalem, wo unter Gottes Schutz die Gefahr durch Raubtiere, Fluten und böswillige Menschen gebannt ist? An diesem sicheren Ort sollte er doch zur Ruhe kommen und heil werden. Woher kommt dieser Rücksturz in die schmerzhaften Erinnerungen an vergangene schreckliche Zeiten?

Nicht nur der Körper braucht nach Erfahrungen von Gewalt und Verlust seine Zeit, um sich von den Verletzungen zu erholen; auch die Seele leidet noch lange an den verstörenden Erinnerungen. Das Geschehene bleibt ein Teil von mir, auch wenn ich den Ort der Bedrohung verlassen habe. Die Erinnerungen suchen nach Räumen in meiner Lebensgeschichte, in denen sie zur Ruhe kommen können. Der Weg zum inneren und äußeren Frieden lässt sich nicht abkürzen. Eine Zeitlang war es notwendig, die Erinnerungen um des Überlebens willen zu vergraben, doch hier, am Ort der Sicherheit und des Friedens, drängen sie wieder hervor, oft ungefragt und unaufhaltsam. Die überfallartige Flut der Bilder erinnert an das, was die Psychologie heute mit „Flashbacks" bezeichnet. Überlebende verschiedenster traumatischer Ereignisse berichten, wie die Erinnerungen an die Gewalttaten sie oft unversehens überfallen, und wie sie darin die Erfahrung des Ausgeliefertseins an die Todesmacht erneut ganz real durchleben. Die Bibel ist auch hier gnadenvoll realistisch. Sie lässt den Aufschrei der Erinnerung zu, gibt ihm Raum und hält den Schmerz und das Entsetzen aus.

Hier bleibt es jedoch nicht mehr beim bloßen Rücksturz in die Vergangenheit. Noch während er das grausame Ereignis erneut durchlebt, bettet der Erzähler es in einen größeren Rahmen ein. Er spielt das Ausmaß des Geschehenen nicht herunter, er nimmt ihm nichts von seiner grausigen Realität, aber er bezeugt, dass es eingeschrieben ist in einen weiteren Horizont: Dass sein Gott ihn und seine Leidensgemeinschaft gerettet hat. Die schmerzhafte Erinnerung steht von Anfang an unter dem Vorzeichen: Gott hat uns gerettet! So endet die Erinnerung nicht mit dem erneuten traumatischen Erleben des Ausgeliefertseins an die vernichtende Macht. Sie mündet in die Freude darüber, entkommen zu sein, weil Gott selbst für die Seinen eingegriffen und sie aus den Fängen ihrer Feinde befreit hat.

Von nun an ist jede Erinnerung an die verstörende Vergangenheit eingebettet in das Wissen um die Gegenwart Gottes, der treu zu den Seinen steht und sie zu seiner Zeit rettet. Dem Aufschrei zum Auftakt des Psalms folgt der dankbare Ausruf: „Gelobt sei Gott!" Im Bild des jubelnd davonfliegenden Vogels wird die ganze Erleichterung spürbar, der Triumph, dem übermächtigen Gegner entkommen zu sein. Bisher war die Erinnerung in einer endlosen Schleife gefangen, die das Erleben von Erniedrigung und Vernichtung ständig neu inszenierte. Nun bekommt sie eine Fortsetzung, in der die Seele Befreiung erlebt, Befreiung von dem beständigen Gefühl, ausgeliefert und eingekerkert zu sein. Der Dichter und seine Leidensgenossen haben erlebt, dass der Gott, dem sie vertrauten, sich des Vertrauens würdig erwies. Dass sie die übermächtige Bedrohung überlebt haben, ist ihm Beweis für die verlässliche Treue Gottes, der die Seinen nicht im Stich lässt. So wird die Erfahrung des Überlebens zum Zeichen für Gottes Da-Sein und seine tatkräftige Solidarität mit allen, die seine Hilfe suchen.

Die Befreiung aus der lebensbedrohlichen Sklaverei in Ägypten ist Grunderfahrung und Grundbekenntnis Israels. In der anschließenden Geschichte Gottes mit seinem Volk beweist er diese Treue immer neu in den kollektiven Rettungserfahrungen und im Leben jedes einzelnen Glaubenden. Nun hat es der Psalmdichter selbst erlebt, dass Gott zu seinem Bekenntnis steht: „Ich bin, der ich bin – ich bin dein Gott!"[6] Er, der Schöpfer des Himmels und der Erde, ist auch Herr über die Chaosmächte, die die gute Schöpfungsordnung ständig bedrohen. Aus dieser Gewissheit heraus wird aus dem verzweifelten Schrei der Opfer ein Triumphgesang der Entkommenen, die ihren Befreier feiern und in der Zuversicht seines Sieges über alle Mächte des Todes Hoffnung und Zukunft finden.

Zu wissen, dass Gott für mich ist, schon immer war und für immer sein wird, heilt die Erinnerungen, gibt Frieden im Jetzt und Zuversicht für die Zukunft. Diese Gewissheit bleibt jedoch ständig umkämpft. Dass

---

6   Vgl. 2. Mose 3,14.

wir einmal Rettung erfuhren, heißt nicht, dass Gott uns von nun an vor allen Angriffen der Todesmächte bewahrt. Andere Raubtiere, Wasserfluten und Vogelfänger werden uns herausfordern, ihm jedes Mal neu das Vertrauen auszusprechen und Rettung bei ihm zu suchen. Dann kann uns das Zeugnis des Psalms daran erinnern, dass Gott seinem Namen stets treu blieb und dass er am Ende die Seinen aus dem Rachen des Todes befreite. In diesem Vertrauen können wir auch in den Jubel derer einstimmen, die gerade Befreiung erleben, wo wir selbst noch darum ringen. Dann kann es geschehen, dass wir im Mit-Freuen mit den Befreiten selber Erleichterung und Befreiung erfahren, denn ihr Erleben bezeugt uns: *„Ich bin gewiss, dass weder Tod noch Leben, weder Engel noch Mächte noch Gewalten, weder Gegenwärtiges noch Zukünftiges, weder Hohes noch Tiefes noch irgendeine andere Kreatur uns trennen kann von der Liebe Gottes, die in Christus Jesus ist, unserm Herrn."*[7]

---

7   Römer 8,38–39.

Psalm 125

GESICHERT!

Ein Aufstiegsgesang

1   *Die sich in Jahwe sichern,*
    sind wie der Berg Zion,
    er wird nicht ins Wanken geraten,
    für immer steht er da.

2   *Jerusalem: Berge rings um sie her*
    und Jahwe rings um sein Volk
    von jetzt bis in Ewigkeit!

3   *Ja, das Szepter des Unrechts wird sich nicht*
    niederlassen auf dem Erbland der Gerechten,
    damit die Gerechten ihre Hände nicht nach
    dem Unrecht ausstrecken.

4   *Tu Gutes, Jahwe, den Guten, und denen,*
    die aufrichtig in ihren Herzen sind.

5   *Die aber, die auf krumme Wege abweichen,*
    lasse Jahwe laufen mitsamt den Tätern des
    Bösen.
    Friede über Israel!

„Die sich in Jahwe sichern, sind wie der Berg Zion!"

Noch einmal die Berge! Vielen Israeliten waren sie täglich vor Augen. Hier gleitet der Blick jedoch nicht mehr suchend über die Weite der Berglandschaft. Der Dichter hat ihn längst auf Jahwe gerichtet, der auf dem Berg Zion wohnt. Seine ewige Standfestigkeit garantiert, dass die Weltordnung bestehen bleibt, dass die Chaosmächte ihn nicht überwältigen und zu Fall bringen werden. Die Bewohner Jerusalems sind sicher vor den Angriffen aller lebensfeindlichen Mächte. Ein Bergsteiger sichert sich mit Haken und Seil am festen Felsen. Wenn er stolpert, wird er nicht abstürzen, denn die Stabilität des Felsens selbst garantiert seine Sicherheit. So unverrückbar ein Berg in der Landschaft steht, so sicher steht ein Mensch, der sich in Gott verankert und seine Sicherheit in ihm allein sucht.

Diese Zusage hat unser Pilger auf seinem Weg zum Frieden gerade bitter nötig. Die Flashbacks des letzten Psalms haben ihn eindrücklich daran erinnert: Jederzeit kann ihn die Willkür stärkerer Mächte treffen, die seine Vernichtung suchen. Er ahnt, dass sein Vertrauen in Gott dann ins Wanken geraten und dass er zu eigenmächtigen Mitteln greifen könnte, um sein Überleben zu sichern. Womöglich wird er dabei wiederum andere schädigen und Gottes heilsame Zuwendung durch sein eigenes unheilvolles Handeln verraten.

In diesen inneren Aufruhr hinein spricht eine Stimme ihm zu: „Bei Gott bist du sicher!" Wie die Berge ein Bollwerk rings um Jerusalem bilden, so schützt Gott die Seinen von allen Seiten vor allen Kräften, die sie dem Leben entreißen wollen. Niemals lässt er es zu, dass die Mächte des Bösen einen, der sich in Gott festmacht, so weit überwinden, dass er den Boden unter den Füßen völlig verliert und haltlos in den Abgrund stürzt. Gott selbst bewahrt ihn davor, in der Verzweiflung unterzugehen oder selbst Unrecht zu tun. Der Berg Zion steht fest in Ewigkeit und Gott umgibt die Seinen mit seinem Schutz bis in alle Ewigkeit.

Niemand kann sich in diesem Leben den Dynamiken von willkürlicher Macht und Gewalt entziehen. Gewalt erzeugt unweigerlich Gegengewalt. Sämtliche eigenmächtigen Strategien, das Überleben zu sichern, vom Verdrängen des Geschehenen über Abwehr und Abgrenzung bis hin zum Gegenangriff, schädigen letztlich Leben an einer anderen Stelle. Der Kreislauf der Gewalt herrscht als „Szepter des Unrechts" über allen Bereichen des Lebens und mündet über kurz oder lang unweigerlich in die Gewaltherrschaft der Starken über die Schwachen. In der langen Geschichte der Könige Israels eskaliert diese Dynamik, bis sie in der Katastrophe des Exils ihr jähes Ende findet. Nach der Rückkehr schildern Esra und Nehemia, wie die einflussreichen Sippen des Volkes ihre Macht ausnutzen und sich als Kollaborateure der persischen Verwaltung auf Kosten der Landbevölkerung bereichern.

Doch in diese geschichtlichen Abläufe bricht immer wieder die andere Erfahrung ein: Gott befreit sein Volk von der Herrschaft des Unrechts! Jede Erzählung von Gottesferne und Gewalt endet mit seinem Eingreifen: Nie belässt Gott ein Unrechtsregime an der Macht, bis auch die letzten Gerechten der Korruption anheimfallen, diejenigen, die ihr Leben nach seinen guten Lebensregeln gestalten und sich an ihm sichern. Paulus formuliert es so: *„Darum, wer meint, er stehe, sehe zu, dass er nicht falle [...] Aber Gott ist treu, der euch nicht versuchen lässt über eure Kraft."*[8]

Es gibt keinen Frieden ohne Gerechtigkeit. Unter der Herrschaft des Unrechts kann Leben nicht gedeihen. So bittet der Dichter Gott sehnlichst darum, dass er den Guten Gutes zukommen lässt, dass er ihnen die Früchte ihres Tuns erhält und dass er die Bösen auf ihren Abwegen zugrunde gehen lässt. Hier spricht die Erkenntnis der Weisheit, dass sich die Kräfte des Bösen am Ende selbst totlaufen. Wer sich Macht und Reichtum auf Kosten der Schwächeren und gegen Gottes Gebote raubt, wird am Ende durch dieselben Dynamiken untergehen, mit denen er anderen das Leben raubte. Dass dies geschieht, bevor das Szepter des Unrechts den Gerechten, der Gottes Willen und Ehre sucht, mit in den Strudel des Unrechts reißt, darum bittet der Dichter. Am Ende kann nur Gott die Dynamik des Unrechts beenden, bevor es für seine Leute zu spät ist. Dass er dies will und tut, hat er in der Geschichte des Volkes Israel vielfach bewiesen.

Im Vertrauen auf diesen Gott kommt der innere Aufruhr zur Ruhe. Die berechtigte Wut, die einen gerechten Ausgleich einfordert, vertraut sich Gott an, der

---

8   1. Korinther 10,12–13.

für die letzte Gerechtigkeit einsteht. Ihm kann ich die Angst um mein Auskommen, mein Ansehen, mein nacktes Überleben anvertrauen, denn er hat gezeigt, dass er für mich ist. Gesichert an ihm wage ich neue Schritte auf dem Friedensweg. Im Tod Christi am Kreuz lief sich das Unrecht ein für alle Mal tot. Nun nimmt er alle, die sich ihm anvertrauen, durch seinen Tod mit hindurch in ein neues ewiges Leben, ein Leben im Schalom, dessen Vorboten wir schon jetzt ansatzweise erleben und gestalten dürfen, und das mit seiner ganzen Fülle lockend und tröstend auf uns wartet. So wird dieser Friede, den der Dichter über Israel ausspricht, für jeden, der sich in Jahwe festmacht, in jedem Augenblick neue Wirklichkeit auf dem Friedensweg des Glaubens.

Psalm 126

AUS TRAUM WIRD WIRKLICHKEIT

Ein Aufstiegsgesang

1   *Als Jahwe sich besann und das Geschick Zions
    wendete,
    da war es uns, als träumten wir!*

2   *Da wird unser Mund erfüllt von Lachen und
    unsere Zunge von Jubel.
    Da sagt man unter den Völkern: „Groß hat
    sich Jahwe gezeigt, als er so an ihnen tat!"*

3   *„Groß hat sich Jahwe gezeigt, als er so an uns
    tat!" – so freuen wir uns!*

4   *Wende, Jahwe unser Geschick, wie du Bäche
    im Negev wiederbringst!*

5   *Die mit Tränen sähen, mit Jubel werden sie
    ernten!*

6   *So ist es: Er geht und weint, wenn er den
    Saatbeutel trägt.
    Gewiss, er kommt heim mit Jubel, wenn er
    seine Garben trägt.*

Es ist wie ein Traum!

Das lang ersehnte Happy End ist wahr geworden!
Jahrelang hast du gekämpft, du hattest es schon auf-
gegeben, hast dich mit deinem Schicksal abgefunden,
der zerbrochenen Partnerschaft, der zermürbenden

Arbeitslosigkeit, den Schmerzen, die dir die Kräfte rauben. Und plötzlich ist all das vorbei! Du lachst und jubelst. Und unter der Freude fragt eine leise Stimme: Kannst du dem Frieden trauen? So unwirklich ist das alles – die Klarheit, die Weite, die neuen Kräfte.

Wie im Traum. Und plötzlich verstehst du, was vorher ein Rätsel war, erhaschst einen Blick hinter die Kulissen des beengenden Alltags. Du siehst Gottes Wirken, wo er dir unbegreiflich war, und wunderst dich, warum du so lange blind dafür warst.

Solch eine Wende wird sichtbar. Andere nehmen es wahr, wenn einem Menschen Rettung zuteilwurde, und wenn sie Gottes Wirken darin erkennen, werden sie ihn dafür preisen. Wie damals, als Gott sein Volk aus Ägypten befreite, nach vierhundert Jahren der Sklaverei. Wie damals, als Israel wieder nach Hause kam, nach langen Jahrzehnten des Exils in Babylon.

Wer hinter diesem Rettungsgeschehen Gottes erbarmendes Wirken erkennt, der kann nicht anders, als ihn zu feiern. Die unverhoffte Rettung wird erst im Dankesjubel so ganz wirklich. Doch irgendwann kehrt auch hier der Alltag wieder ein. Wie damals, als Israel sich nach dem spektakulären Auszug aus Ägypten in der Wüste wiederfand und um Wasser und Nahrung bangte. Wie damals, als die Heimkehrer aus Babylon nach mühsamen Jahren des Aufbaus nur klägliche Ergebnisse vorweisen konnten: einen provisorischen Tempel, eine bröckelige Stadtmauer, schlechte Ernten und hohe Steuern. Sie hatten vom Frieden geträumt und sahen sich nun den Intrigen missgünstiger Nachbarn ausgesetzt. Die tägliche Plackerei reichte gerade für das Nötigste zum Überleben. So hatten sie sich den Neuanfang nicht vorgestellt. Was hatte Gott ihnen nicht alles verheißen: eine glänzende Zukunft, Gerechtigkeit und Frieden unter seiner Herrschaft, Ruhm und Ehre in der ganzen Welt. War da irgendwo etwas schiefgelaufen?

Und wieder zeigt sich die Bibel gnadenvoll realistisch. Ein Großteil des Lebens besteht aus oft mühsamem, manchmal auch schmerzreichem Alltag. Die traumhaften Zeiten des Jubels bleiben die Ausnahme. Im Rückblick wirken sie manchmal wie aus der Zeit gefallene Episoden. Im Grunde hat sich nichts Entscheidendes geändert und irgendwann flüchten wir aus der wiederholten Enttäuschung in Resignation oder Zynismus.

Nicht so das Volk Israel. Es findet sich nicht damit ab, dass die Erlösung nur ein trügerisches Strohfeuer gewesen sein soll und der harte Alltag die einzig dauerhafte Realität. Und so geht es seinen Gott an: „Tu es wieder! Wende unser Geschick! Erfrische uns wieder, wie Regenströme in der Wüste den ausgedörrten Boden mit neuer Lebenskraft durchdringen!" Israel begreift: Gottes Rettungshandeln ist kein einmaliges Wunder, nach dem alles für immer gut ist. Die Wende vom Bösen zum Guten, von der Gefangenschaft in die Freiheit, vom Tod zum Leben muss immer wieder vollzogen werden. Die ganze Schöpfung beruht auf dem ständigen Kreislauf von Werden, Vergehen und Neuanfang, den sie selbst nicht vollbringen, den nur

Gott schenken kann, jedes Mal neue Gnade. Israel ist gewiss: Auf Trauer folgt Freude. Auf die mühsame Saat folgt die freudige Ernte. Wir können es nicht erarbeiten oder erzwingen. Wir können und dürfen jedoch in all unserem Bemühen Gott bitten, das Schwere in Leichtigkeit, Trübes in Klarheit, den Samen in Frucht zu verwandeln. Wir werden nicht jede Ernte selbst jubelnd erleben. Dann liegt Trost in der Gewissheit, dass der lebenspendende Gott unablässig am Werk ist, um unsere Tränensaat in Erntejubel zu wenden, wo wir sie ihm anbefehlen.

So rettet der Psalm den traumhaft vergänglichen Jubel in die nüchterne Realität des Alltags. Das Lied löst das Nacheinander der Zeitformen träumerisch auf, schwebt zwischen Vergangenheit, Gegenwart und Zukunft. Im gegenwärtigen Jubel bezeugt Israel Gottes Rettung in der Vergangenheit. Die Erinnerung daran ermutigt, in der bedrängenden Gegenwart Gott erneut um sein Eingreifen anzugehen. Das beständige Flehen, Gott möge in seinem Wendehandeln nicht nachlassen, holt die traumhafte Erfahrung der wunderbaren Befreiung in den Alltag, wo sie Kraft gibt, die Mühen und Schmerzen zu bestehen, und wo sie zur Quelle der Hoffnung und neuer Zukunftsträume wird. „Ich habe einen Traum" führt nicht in die Flucht vor der unerträglichen Realität, sondern eröffnet neue Perspektiven, mit Beharrlichkeit und Geduld die Umwelt zum Guten zu gestalten. So mündet das wiederholte Erleben von Gottes Rettungshandeln in Weisheit, in die gelassene Gewissheit, dass er es wieder tun wird, dass der Ausgang des ständigen Wechsels von Trauer und Freude, von Saat und Ernte der Jubel über die Früchte sein wird, die Gott aus unseren Tränenmühen wachsen ließ. Dann wird der Traum der Erlösung letzte Wirklichkeit werden und der Jubel kein Ende mehr nehmen.

Als beständige Rückversicherung, dass Gott Tränengeschichten in Zukunftsgeschichten wandelt, ist dieser Psalm Teil der jüdischen Sabbatliturgie geworden. Er stiftet gemeinsame Identität und erinnert daran: Nicht die großen Entwürfe und Rettungen sind unser „täglich Brot", sondern die kleinen Auferstehungen, die kleinen Wenden im Alltag der Arbeit und des Miteinanders. Zugleich macht die kollektive Wendeerfahrung sensibel für das Prinzip von Saat und Ernte auch in den Abläufen des individuellen Lebens, so dass wir auch aus den kleinen Wenden Hoffnung schöpfen und das Bitten und „Harren", das aktive Warten, einüben können. Realistisch und unverbesserlich hoffnungsvoll zugleich wird dieser Psalm zum treuen Begleiter in allen Jubel- und Tränenzeiten unseres Friedenswegs.

Psalm 127

SCHLAFEN UND ERNTEN

Ein Aufstiegsgesang, nach Salomo

1   *Wenn Jahwe ein Haus nicht baut –*
    vergebens mühten sich, die an ihm bauten!
    Wenn Jahwe eine Stadt nicht bewahrt –
    vergebens wachte ein Wächter.

2   *Vergebens steht ihr früh auf, bleibt lange*
    sitzen,
    esst Brot der Mühsal – er gibt ja seinem
    Geliebten Schlaf!

3   *Schaut doch: Ein Erbteil Jahwes sind Söhne,*
    ein Lohn die Frucht des Mutterleibs.

4   *Wie Pfeile in der Hand eines Helden, so sind*
    die Söhne der Jugend.

5   *Glücklich zu nennen, wer seinen Köcher mit*
    ihnen gefüllt hat.
    Sie werden nicht beschämt, wenn sie mit
    Feinden verhandeln im Tor.

Befreit, gerettet, willkommen zurück im Leben! Die Tränenzeit ist vorüber, jetzt heißt es: die Garben ernten, Scheunen und Häuser bauen, eine Familie gründen und endlich wieder jemand sein! Und dafür sorgen, dass so etwas nie wieder passiert!

Mit wie viel Hoffnung und tausend Plänen stürzt sich die Gerettete in die Arbeit! Und muss doch vielleicht früher als gedacht erfahren: Nicht jede Saat geht auf, nicht jede bringt Wagen voller Garben ein. Nicht jede Tränennacht verwandelt sich in einen Jubelmorgen. Auch im Friedensland muss sie erleben, dass Schufte immer noch betrügen und Diebe immer noch stehlen, dass Krankheit ihr Leben und das ihrer Lieben bedroht und die Gesetze des Marktes unerbittlich jede Schwäche bestrafen. Was von außen so leicht schien, wird schnell zur unerträglichen Last, zum Anspruch, jetzt endlich Erfolge vorweisen zu müssen. Dabei ist sie vielleicht noch geschwächt, angezählt durch die Verletzungen, die ihr in der Notzeit zugefügt wurden, und deren Narben weiterhin schmerzen und Kraft und Beweglichkeit einschränken.

Als Israel aus dem Exil nach Jerusalem heimkehrte, hoffte das Volk auf ein neues, glanzvolles Königreich, Zeiten des Friedens und des Wohlstands, auf sichtbares Wirken Gottes in ihrer Mitte. Stattdessen fanden sie ein verwildertes Land vor, die Städte verfallen, die Äcker verwahrlost oder besetzt von fremden Siedlern. Missernten brachten neue Not. Streitigkeiten mit missgünstigen Nachbarvölkern banden die für den Wiederaufbau dringend benötigten Kräfte. Die Euphorie der Rückkehr verflog, Resignation und Verbitterung machten sich breit. Die einen kämpften mit aller Kraft um ihr eigenes Auskommen, aber all ihre Mühen brachten nur kläglichen Ertrag. Andere resignierten, die Welt war nun einmal gemein und der kleine Mann hat sowieso keine Chance.

Manchmal wollen die besten Bemühungen einfach nicht zum Erfolg führen. Was wir auch bauen, zerfällt uns unter den Händen. Was wir bewahren wollen, zerrinnt uns zwischen den Fingern. Die Sicherheit erweist sich als trügerisch, die Sorge raubt uns den Schlaf. In solchen Zeiten begreifen wir neu: das Gelingen unserer Arbeit liegt im Letzten nicht bei uns selbst. Anstelle von Aktivismus oder Selbstaufgabe bietet uns dieser Psalm einen dritten Weg an: „Er gibt ja seinem Geliebten Schlaf!"

Damit sind wir in der Mitte des Wallfahrtspsalters angekommen. Das Lied vom Mit-Bauen und Mit-Wachen Gottes steht im Zentrum der Liedersammlung, als Trost für die Schwachen und Mahnung für die Starken. Der ganze Friedensweg führt darauf zu und aus ihm speist sich die Kraft für jeden weiteren Schritt: Der Gott, der niemals schläft noch schlummert, gibt Schlaf dem, den er liebt, und während der Geliebte schläft, wächst die Saat, schafft Gott Neues, gibt er Frucht und Gelingen, das nicht im Winde verweht.[9] Wer sich von Gott geliebt weiß, dem wird das Brot, das er dem harten Arbeitsboden abtrotzt, zur Gabe Gottes, der mit Freuden den Seinen Lohn für ihre Mühe gibt.

---

9   Andere Übersetzungen formulieren: „Gibt er es im Schlaf." Grammatisch ist dies die weniger wahrscheinliche Übersetzung, aber der Kerngedanke bleibt so oder so derselbe.

Dieser Lohn reicht für mehr als für eine Existenz, die sich gerade so über Wasser hält. Er verpufft nicht auf der ewigen Jagd nach dem nächsten Kick, dem größten Ruhm, der unzerbrechlichen Sicherheit. Die Früchte der Arbeit, die Gott selbst wachsen lässt, reichen über die Notwendigkeiten des Alltags hinaus. Sie wirken in eine Zukunft, die über die eigenen, begrenzten Möglichkeiten hinausweist, und verleihen der Arbeit selbst einen Sinn, der über das unmittelbare Ergebnis hinausreicht.

Der Dichter schrieb diesen Psalm für Menschen, die in einfachen Verhältnissen lebten, auf kleinen Landgütern, die ihnen als unpfändbares Erbteil zustanden. Dort wurde jede Hand gebraucht, und so wählt er als Bild für den Lohn, den Gott gibt, einen Köcher voller Söhne. Neues Leben ist unverfügbare Gabe Gottes und darin untrügliches Zeichen, dass echte Frucht, Erfolg und Gewinn nicht aus unseren Mitteln zu schaffen ist. Im Gegensatz zu den tödlichen Pfeilen der Lügenzungen werden die Söhne das Leben gegen den Angriff der Feinde bewahren. Bei der Gerichtsverhandlung im Stadttor werden sie gegen deren Listen und Gewalttaten die Gerechtigkeit durchsetzen. Hier entschied sich, wer gütig und gerecht handelte und Ansehen und Ehre verdiente. Wer dort als Verbrecher entlarvt wurde, musste in Schimpf und Schande davonschleichen. Wir sehen es bis heute: Wer sich auf Kosten anderer bereichert, wird am Ende als Betrüger entlarvt, sein Ruf ruiniert. Die Früchte aber, die Gott im Leben seiner Geliebten wachsen lässt, bleiben auch in harten Zeiten eine verlässliche Ressource und schaffen Ehre und Ansehen vor den Mitmenschen.

Es gibt jedoch auch die Zeiten, in denen Gott trotz allen Glaubens und Bittens die Früchte verwehrt. Das ersehnte Kind stellt sich nicht ein, der Arbeitssuchende findet trotz aller Bemühungen und Gebete keinen Job mehr, der ausgezahlte Lohn ist zum Sterben zu viel und zum Leben zu wenig. Die tröstlichen Bilder des Psalms werden zum Hohn. Auch für solche Zeiten hat die Bibel Texte bereit, Schreie, die fragen: „Gott, siehst du mich überhaupt? Warum hast du mich verlassen?"

Psalm 127 ist ein „Weisheitspsalm". Er will seine Zuhörer die grundsätzliche Wahrheit lehren: Ohne Gottes Mitwirken gibt es kein bleibendes Gelingen. Er will mich daran erinnern, dass ich den Erfolg des eigenen Schaffens nicht durch noch so viel Richtig-Machen erzwingen kann. Gott muss ihn schenken. Der Psalm ist nur eine Stimme im Chor der Lieder und Texte, die vom gelingenden Leben mit Gott zeugen. Andere Texte sprechen von anderen Zeiten, in denen wir Gott nicht als gütig erleben. Dann singen die Menschen andere Lieder, in denen sie Gott ihr Leid klagen, in denen sie Gott selbst anklagen, dass er nicht recht handelt, dass er seine eigenen Versprechen verrät. Manche dieser Klagen halten Gott seine Verheißungen vor: Schaffe uns Gerechtigkeit „um deines Namens willen"![10] Andere gelangen durch das Klagen hindurch

---

10   Z. B. Psalm 143,11.

zu einem Frieden, in dem die Nähe zu Gott selbst Lohn genug ist für die eigene Treue.

Im vielstimmigen Chor der Gottessänger führt uns der Psalm ins Zentrum des Lebens im Glauben an den lebenspendenden Gott: in das Vertrauen, dass er seinen Leuten Lohn und Früchte für ihre Mühen gibt, gerade im unspektakulären Alltag. Wer aus der Knechtschaft der Feinde entkommen war, hatte gelernt, dass sein Lohn von der Willkür der Mächtigen abhing. Wer aus den Todeskerkern ins Leben zurückkehrt, sehnt sich danach, dass Kraft und Erfolg zurückkehren, so, wie es vorher war. Dieses Lied lädt den Geretteten ein, „Alltag", „Leistung" oder „Erfolg" ganz neu zu buchstabieren. Er braucht sich nicht mehr von den Ansprüchen anderer jagen zu lassen. Vor Gott haben alle Feinde die Deutungshoheit über das Leben verloren. Gott selbst spricht den Lohn zu, er selbst gibt Gelingen und Frucht, die bleibt. Jesus wird später seinen Jüngern versichern: „Wer in mir bleibt und ich in ihm, der bringt viel Frucht; denn ohne mich könnt ihr nichts tun!"[11] Wer es Gott überlässt, dem eigenen Schaffen Gelingen und Lohn zu geben, der kann seine Arbeit gelassen tun und sich sicher sein, dass sein Tun Früchte tragen wird, die bleiben.

---

11 Johannes 15,5.

Psalm 128

WAS GLÜCKLICH MACHT

Ein Aufstiegsgesang

1 *Glücklich jeder, der Jahwe fürchtet,*
   der in seinen Wegen geht!
2 *Den Ertrag deiner Hände Arbeit –*
   du wirst ihn genießen!
   Glücklich bist du und dir geht es gut!
3 *Deine Frau ist wie ein fruchtbarer Weinstock*
   im innersten Teil deines Hauses.
   Deine Kinder sind wie Triebe des Ölbaums
   rund um deinen Tisch.
4 *Schau doch! Genau so wird ganz sicher*
   gesegnet, wer Jahwe fürchtet.
5 *Es segnet dich Jahwe von Zion her, dass du*
   glücklich sehest Jerusalem all deine Tage,
   dass du sehest Kinder für deine Kinder!
   Friede über Israel!

Glück! Ja, so stellen wir uns das vor. Eine erfüllende Arbeit, von deren Lohn wir leben können. Eine harmonische Familie, in der wir zu Hause sind. Wohlgeratene Kinder, auf deren Entwicklung wir stolz sein können.

Andere begeistert das Bild vielleicht weniger. Das traditionelle Familienglück kommt ihnen spießig und langweilig vor. Wieder anderen zieht sich vielleicht das

Herz zusammen: Glücklich jeder, dem solches Glück gelingt. Mir ist es leider nicht gegeben. Und dann fragst du dich: Wie geht das – glücklich werden?

Der Todesdrohung entronnen bist du angekommen im Friedensland. Die Lügenzunge verfolgt dich nicht mehr, der Job ist dir sicher, die Krankheit besiegt. Das pralle Leben liegt vor dir. Du stürzt dich hinein, du willst etwas schaffen, dein Glück machen. Wie funktioniert das wohl hier, im Schalom-Land, was muss ich tun, damit sich die Sehnsucht nach einem friedvollen Leben erfüllt?

„Glücklich ist jeder, der Jahwe fürchtet, der auf seinen Wegen geht!", sagt der Dichter. „Wie jetzt?!", fragst du dich. Dem Mobbing meiner Kollegen bin ich entkommen, muss keine Angst mehr vor der verheerenden Krankheit haben, nur um jetzt Gott zu fürchten? So kann das doch nicht gemeint sein.

So ist es auch nicht gemeint. Die „Furcht Jahwes" umschreibt eine Glaubenshaltung, die Gott respektiert als den, der er ist: Schöpfer und Erhalter der Welt. Wer Jahwe fürchtet, erkennt ihn an als die letzte Instanz, vor der er verantwortlich ist. Er gestaltet sein Leben nach Gottes guten Lebensregeln in dem Vertrauen, dass von ihm her alles Gute kommt und dass er die Seinen versorgt. Zu solch einem Leben lädt der Weise mit seinem Lied ein, wenn er den gottesfürchtigen Menschen „glücklich" oder „selig" preist. Psalm 127 deutete es schon an: Nachhaltiges Glück und Gelingen kann ich mir nicht durch eigenes Schaffen sichern. Nur Gott selbst kann die Früchte des Mühens, den hart erarbeiteten Lohn langfristig bewahren. Für Israel war das oft nicht selbstverständlich. Die Steuern der Herrscher und des Tempels forderten einen Großteil der Ernte, viele Bauern verschuldeten sich und mussten sich als Sklaven verdingen. Es ist Gott, der mich und meine Lieben vor Krankheiten und Unfällen bewahrt, deren Folgen das Einkommen auffressen; Gott, der mein Haus bewacht, so dass Diebe nicht einbrechen und mein Eigentum stehlen. Wer den Ertrag seines Schaffens in Frieden genießen kann, der ist glücklich zu nennen. Dem geht es gut, denn er achtet Gott und erlebt sich von ihm versorgt und bewahrt.

Gutes Leben heißt auch, Glück zu teilen. Allein zu bleiben mit meinem Gewinn macht mich nur halb so glücklich. Ich brauche Menschen um mich, die so erfrischend sind wie reife Trauben an einem prallen Weinstock, bei denen ich zur Ruhe kommen kann wie im Schatten eines Weinstocks im Innenhof des eigenen Hauses. Menschen, die mich inspirieren, die in mir das Beste wachrufen und neue Früchte hervorlocken. Auch solche Menschen sind ein Geschenk Gottes für die, die ihn ehren.

Und dann ist da noch die Sehnsucht, etwas zu schaffen, das über die eigene Existenz hinausreicht: ein Werk, ein Name, der den Tod überdauert. Das Leben soll weitergehen in dem, was ich der Nachwelt hinterlasse, so wie die Schösslinge eines abgehauenen Ölbaums rings um den Stumpf nachwachsen und dessen Leben weitertragen. Man kann sie sogar ausgraben und verpflanzen, so dass sich das Leben des einen

Olivenbaums vielfach ausbreiten kann. Dazu braucht es nicht immer die großen Aktionen, meist sind es die unscheinbaren Früchte des Alltags, die ich stets neu investiere, damit aus ihnen weitere Früchte wachsen. Ich muss mich nicht unablässig weiter optimieren, um maximalen Gewinn zu erzielen und diesen auf ewig zu sichern. Wenn ich Gottes Gaben dankbar aus seiner Hand nehme und sie sogleich in die Zukunft entlasse, schafft er daraus bleibenden Gewinn. So ist nachhaltiges Gelingen der eigenen Arbeit, das anderen Gutes tut und über die eigenen Begrenzungen hinauswächst, eine Gabe Gottes für alle, die ihr Leben nach seinen guten Lebensregeln gestalten. Wirklich, ein solcher Mensch ist von Gott gesegnet.

Überhaupt: der Segen Gottes! Aus ihm wächst gelingendes Leben, das sich in die Zukunft hinein entfaltet. Am Anfang sprach Gott: „Es ist gut!", und er segnete die Schöpfung, dass sie fruchtbar sei und das Leben beständig weitertrage. Mit diesem Schöpfungssegen bedenkt er alle, die ihm die Ehre geben. Sie erhalten Anteil am Schalom-Reich, sie werden Bürger der Friedensstadt Jerusalem und dürfen erleben, wie dieses Friedensreich sich entfaltet. Hier ist ihre Heimat, hier dürfen sie sehen, wie ihre Kinder wiederum Kinder bekommen, die Früchte ihrer Arbeit neue Früchte tragen, wie sich der Ertrag ihrer Arbeit fortpflanzt und über ihren Tod hinaus den Segen weiterträgt.

Ja, dieses Bild zeichnet ein Ideal, das in dieser Welt niemals ungebrochene Wirklichkeit wird. Es zeigt uns, wie Leben gemeint ist, und malt uns ein Bild der Hoffnung, dass Gott Gutes für uns im Sinn hat, auch wenn die Realität dieser Welt das Gute nur bruchstückhaft zulässt, auch wenn der Segen ständig von Mächten durchkreuzt wird, die Not und Verderben bringen. Das Glück ist hier nur als Fragment zu haben, doch mitten in aller Fragilität ist Frieden möglich in der Gewissheit, dass Gott am Ende alles gut machen wird. So kann neue Kraft wachsen um, wo nötig, erneut um den Frieden zu ringen und das Leben nach Gottes guten Lebensregeln zu gestalten, denn ein solches Leben wird er segnen.

Die drei Psalmen 126–128 sind eingerahmt von dem Wunsch: „Friede über Israel!" In ihren Bildern vom glücklichen Leben sind wir nach der Flucht aus dem Kriegsland endgültig angekommen im Land des Friedens. Hier gedeihen Gerechtigkeit, gegenseitige Wertschätzung, liebendes Miteinander. Hier verwirklicht sich die Gottesfurcht, aus der zukunftsweisende Früchte wachsen. Nur da, wo der Schalom waltet, kann Leben gelingen, deshalb spricht der Dichter den Segen Gottes über das Land aus, immer wieder. In diesem Schalom findet alles Glück und alles Mühen zur Ruhe und jede Erfahrung geschenkten Glücks wirft einen Hoffnungsstrahl nach vorne: So ist das Leben gemeint, und so wird Gott es eines Tages ungebrochene Wirklichkeit werden lassen. Friede über Israel!

Psalm 129

BEFREIUNG UND ABGRENZUNG

Ein Aufstiegsgesang

1 *Vielfach quälten sie mich von Kindheit an –*
   sprich es aus, Israel!

2 *Vielfach quälten sie mich von Kindheit an,*
   und doch konnten sie mich nicht
   überwältigen!

3 *Auf meinem Rücken pflügten die Pflüger,*
   lang zogen sie ihre Furchen!

4 *Jahwe ist gerecht! Zerhauen hat er das*
   Jochseil der Unrechtstäter.

5 *Sie schämen sich und weichen zurück, alle,*
   die Zion hassen!

6 *Sie werden wie Gras auf den Dächern –*
   bevor man es ausreißt, ist es verdorrt.

7 *Nicht füllt seine Hand der Schnitter damit,*
   nicht der Ährensammler seinen
   Gewandbausch,

8 *und nicht sagen, die vorübergehen:*
   „Der Segen Jahwes auf euch!
   Wir segnen euch im Namen Jahwes."

Was sind das für Töne? Welcher Schrei bricht in die Idylle des heilsamen Schalom, in dem wir endlich Zuflucht fanden? Hier hatten wir uns den Schrecken der Erinnerungen gestellt und uns ins Vertrauen in Gottes Versorgen eingeübt. Vorsichtig begannen wir, dem Frieden zu trauen. Dankbar und voll Hoffnung sangen wir von Segen und Glück. Und nun dieser Aufschrei! So wohltuend der vorige Psalm war, so sehr tut dieser beim Lesen weh!

In Zeiten der Ruhe können die Schutzmauern fallen, die ich im Feindesland errichten musste. In der Sicherheit des Schalom wagen sich auch dunkle Geschichten ans Licht, die sich bisher verborgen hielten, manchmal mit überfallartiger Intensität, und der Schmerz sucht erneut nach Ausdruck und Gesehen-Werden. Wie schon Psalm 124 ermutigt auch dieses Lied den Beter, in Worte zu fassen, was ihn bedrängt: „Sprich es aus, Israel!" Da, wo das ganze Volk den verstörenden Erinnerungen Worte verleiht, kann sich der Einzelne einreihen in die Leidensgemeinschaft des Gottesvolkes. Er ist mit seinen Erinnerungen nicht mehr allein, die Gemeinde nimmt ihn auf mit Verständnis und Solidarität.

In diesem neuen Erinnerungsschrei spiegeln sich viele Erfahrungen, die schon in vorigen Psalmen formuliert wurden: „Lange lebte sie, meine Seele, beim Friedenshasser!" (Ps 120); „Wäre Jahwe nicht für uns gewesen – sie hätten uns lebendig verschlungen" (Ps 124); „Die Herrschaft des Unrechts wird sich nicht niederlassen auf dem Erbteil der Gerechten." (Ps 125). Psalm 129 wirkt wie ein Echo von Psalm 124. Da ist der Aufschrei am Anfang, der Aufruf, den Schrecken zu benennen, die Erfahrung der Befreiung und die Erleichterung, der Macht der Gewalt entrissen zu sein. Die kollektive Erinnerung entlädt sich in Bildern der Gewalt, wie sie der Alltag bietet. Wenn sich das Geschehene nicht direkt erzählen lässt, sucht sich die Seele Bilder, die ähnliche Emotionen auslösen, um ihr Erleben zu teilen. Es ist der Schmerz der Besiegten und Missbrauchten, der sich hier Luft macht. Das Bild von den Pflügenden, die ihre Felder mit tiefen Furchen bis an den letzten Rand aufreißen, spricht von gewaltsamer Ausbeutung des Bodens, von einer Brutalität, die alle Ressourcen – den Boden, Nutztiere, menschliche Arbeitskräfte – zur kurzfristigen Gewinnmaximierung bis ins Letzte ausbeutet, ohne Rücksicht auf deren Ergehen zu nehmen oder auf Nachhaltigkeit zu achten. Das Bild vom Joch, das dem Pflugtier auferlegt wird, steht in der Bibel für die Fremdherrschaft grausamer Völker, die das besiegte Israel durch Plünderungen und Steuern so lange ausbeuteten, bis sie es „zu Tode gepflügt" hatten. Letztlich steht es für jede Form der Freiheitsberaubung, wenn der Starke den Schwachen zu seinem Vorteil missbraucht. Neben den ökonomischen und sozialen Aspekten drücken die Bilder aber auch ganz konkret den schreienden Schmerz aus, den jeder empfindet, der sich als gewaltsam beherrscht und ausgebeutet erlebt, auf der Arbeit, in privaten Beziehungen oder durch eine ungerechte Gesellschaftsstruktur. Darin ruft der Psalm auch die Kriegsmetaphorik vom Land der brennenden Pfeile auf (Ps 120), das der Pilger nach langem Leid endlich hinter sich ließ.

Dennoch ist dieser Rücksturz in die grausame Vergangenheit nicht einfach eine Wiederholung von Psalm 124. Der erinnerte weniger an den Schmerz lange erlittener Gewalt, sondern rief das Gefühl unmittelbarer Lebensbedrohung auf, das in die Erleichterung über die von Gott gewirkte Befreiung mündete, die Flucht aus dem Käfig. Nun ist der Geflüchtete in der Sicherheit Jerusalems angekommen und stellt im Rückblick fest: „Und doch konnten sie mich nicht überwältigen!" Auch wenn sie seinen Boden lange brutal ausgebeutet, auch wenn sie ihm bleibende Narben zugefügt haben – am Ende hat Gott die Zugseile des Pfluges durchhauen und ihn befreit! Wie in Psalm 124 erweist sich Gott gerade da als gerecht, wo wir selbst uns nicht von den Fesseln der Ausbeutung befreien oder uns aus der Dynamik lebenzerstörender Mächte lösen können. Er hört die Schreie der Seinen, er spricht den Geknechteten und Ausgebeuteten das Recht auf ein Leben in Würde zu und befreit sie von den Stricken des Bösen. Und dann stellt manch einer voller Erstaunen fest: „Ich bin ja noch da! Ich habe es überlebt!"

Wenn der gerechte Gott eingreift, ist es vorbei mit den Machtspielen der Täter, den offenen und den verdeckten. Sie, die sich stolz als Sieger präsentierten und die Besiegten öffentlich beschämten, werden scheitern und alle werden sehen, was die Bedrücker der Schwachen im Tiefsten sind: Hasser Zions, denn sie verachten die Quelle allen Segens. Gott und seine gerechten Lebensordnungen sind ihnen gleichgültig und sie treten den Schalom mit Füßen. Solchen Menschen wird Gott das Gelingen verweigern. Sie werden verdorren wie Gras, das auf den Hausdächern keinen Nährboden findet und in der Sonne vertrocknet, noch bevor man es ausreißen kann, damit die Wurzeln das Dach nicht beschädigen. Ihre Saat wird keine Ernte hervorbringen, die den Säer für das nächste Jahr versorgen und Grundlage einer neuen Saat im folgenden Frühjahr werden wird. Ihrem gewaltsamen Schaffen bleibt der Lohn verwehrt, denn Gott kann die nicht segnen, die ihn hassen.

Von solchen Menschen und solchen Strukturen darf, ja muss der Friedensmensch sich distanzieren. Die Feinde, die sich dem Schalom verweigern, haben keinen Platz in der Gottesgemeinschaft. Dabei muss er sie gar nicht aktiv bekämpfen. Er braucht sich nur ihren Dynamiken zu entziehen und ihnen die Lebensgrundlage – den Segen Gottes – zu versagen. Wer sich seinen Gewinn auf Kosten anderer verschafft, verdient keine Solidarität, keinen Zuspruch, keinen ermutigenden Gruß. Mit diesem Bewusstsein kann sich das Opfer von den Machtansprüchen seiner Peiniger abgrenzen und sich aus der zerstörerischen Abhängigkeit lösen.

Ein Mensch, der Gott ehrt, wünscht mit dem Sänger des vorigen Liedes allen Gotteskindern Frieden. Den Feinden des Lebens verweigert er jedoch den Segenswunsch, damit sich ihre Gewaltherrschaft nicht weiter fortsetzt. Von ihnen wendet er sich ab in der Gewissheit, dass sie von selbst zugrunde gehen werden. Dafür steht Gott ein, der gerecht ist.

Psalm 130

IM ABGRUND DER SCHULD

Ein Aufstiegsgesang

1 *Aus tiefsten Tiefen ruf ich zu Dir!*

2 *Mein Herr, so hör doch mein Schreien!*
   Lass deine Ohren doch achten auf meinen
   flehenden Schrei!

3 *Wenn Du Sünden aufbewahrtest –*
   mein Herr, wer würde bestehen?

4 *Doch bei dir ist ja die Vergebung, damit man*
   dich fürchte!

5 *Ich hoffe auf Ihn, es hofft meine Seele, auf sein*
   Wort harre ich sehr.

6 *Meine Seele harrt auf meinen Herrn, mehr als*
   Wächter auf den Morgen,
   Wächter auf den Morgen!

7 *Harre, Israel, auf ihn! Ja, bei ihm ist die Treue,*
   und reichlich bei ihm Erlösung!

8 *Er selbst wird Israel erlösen von allen seinen*
   Sünden!

Ist es denn immer noch nicht genug? Muss denn nach jeder Stabilisierung erneut ein Absturz erfolgen – und jedes Mal tiefer? Urplötzlich findet sich der Friedenspilger ganz unten wieder, auf dem schlammigen Grund einer Zisterne, auf dem Boden des wilden Meeres, am

Rande des Chaos, an der Grenze zum Totenreich. Von hier rief Jona zu seinem Gott, hier ist der absolute Tiefpunkt, weiter weg von Gott geht es nicht. Hier sind keine fassbaren Gegner mehr, keine Wesen aus Fleisch und Blut, denen der Pilger sich stellen könnte. Da hilft kein Friedenswort, keine Flucht, kein trotziges Standhalten gegen die Übermacht. Da ist nur Finsternis, Leere, das drohende Nichts. Da bleibt nur ein letzter Schrei.

Mit einem Schrei begann die Flucht, der lange Weg in den Schalom, die Aufnahme in die Gemeinschaft, beginnende Heilung der Erinnerung. Und jetzt – war denn alles umsonst? Was hat den Geflüchteten, der schon in Sicherheit schien, nun doch unrettbar in den Abgrund gestürzt?

Immerhin – selbst hier gibt er nicht auf. Er tut das Letzte, was ihm bleibt – er schreit. Er schreit um Hilfe zu seinem Gott. Eindringlich fleht er Gott an, ihn auch hier, in der letzten Tiefe der Gottesferne, nicht allein zu lassen. Woher nimmt er jetzt noch den Mut? Er erinnert sich an Gottes innerstes Wesen und hält es ihm vor: „Würdest du Sünden addieren – mein Herr, wer würde bestehen?"

Das war es also was ihn in diese letzte Verzweiflung gestürzt hat – die eigene Schuld! Bisher kämpfte er gegen äußere Feinde und rang mit den Folgen der schrecklichen Erinnerungen, nun holt ihn urplötzlich die Erkenntnis ein, dass auch er selbst nicht ohne Schuld ist. Vielleicht hat ihn der Schrecken gepackt, als die Friedensmenschen den Lebensfeinden den göttlichen Segen verweigerten, und ihm fallen Situationen ein, in denen er selbst schuldig wurde an seinen Mitmenschen, wo er ihnen nicht gerecht wurde oder gar geschadet hat. Müssten die Friedensmenschen nicht auch ihm den Segen verweigern?

Wer unter der Herrschaft übergriffiger Mächte gelebt hat, ist unweigerlich davon geprägt. Gewalt und Manipulation, ein verdrehtes Wertesystem, Selbst- und Fremdabwertung können zur zweiten Natur werden, und diese Lebensstrategien bringen die Geretteten mit ins Friedensland. Mit ihrem erlernten Misstrauen tun sie denen Unrecht, die ihnen in guter Absicht begegnen. Wut und Hass richten sich auch gegen Helfer und Unbeteiligte. Im Geretteten setzt sich die Todesdynamik fort. Den äußeren Feinden ist er entkommen, doch aus der Verstrickung in die Folgen von Sünde und Schuld kann er sich nicht befreien. Die eigene Schuld holt ihn unweigerlich ein und reißt auch ihn in den Tod. Vor dem gerechten Gott kann auch er nicht bestehen.

Und doch. Und doch schreit er gerade zu ihm! Ganz schön mutig! Was bleibt ihm anderes übrig, als zu dem einen zu schreien, der allein Leben gewähren und erhalten kann, und ihn bei seinem innersten Wesen zu packen: „Bei dir ist doch Vergebung, damit man dich ehre!" Ja, Gott ist gerecht, aber er ist auch treu. Wie ein verantwortungsvoller König will er das Beste für seine Gefolgsleute. Wie ein guter Hirte sorgt er für seine Herde. Ein guter Herr sucht das Wohl seiner Mitarbeiter, und so wird auch Gott seine Leute nicht der tödlichen Dynamik der Sünde überlassen. Er wird ihre Schulden nicht aufrechnen, sondern sie freisprechen. Er wird den ewigen Lauf von Tat und Folge, von Gewalt und Gegengewalt durchbrechen. Er wird die Gefangenen befreien aus der zerstörerischen Logik eines Systems, das – gerecht, aber unbarmherzig – auf Vergeltung für jede unrechte Tat besteht. Einem solchen „Herrn" stehen wahrhaftig Respekt und Ehre zu.

Nur, manchmal lässt Gott auf sich warten. Und warten. Und warten. Lange ertrug der Beter die Feindschaft der Gegner im Kriegsland. Lange pflügten die Pflüger den gewaltsam besetzten Boden. Und lange harrt der Rufer in seiner Finsternis aus. Wer jemals Nachtwache hielt, der kennt das Gefühl, dass es wohl nie wieder Morgen wird, auch wenn er weiß, dass der Morgen unweigerlich kommen wird. Die Sonne lässt sich durch nichts am Aufgehen hindern, und so richten die Wächter den Blick unverwandt nach Osten, um ja den ersten Schimmer der Dämmerung nicht zu verpassen, weil er der Hoffnung recht gibt und Lohn für das Durchhalten verspricht. So wartet der Beter auf eine Antwort Gottes, das Wort, das ihn freispricht, das ihn erlöst von der Schuld, das ihn freisetzt von der unentrinnbar tödlichen Dynamik der Sünde. Sein ganzes nach Erlösung bedürftiges Wesen streckt sich aus nach seinem Herrn, der allein dieses Wunder vollbringen kann. Er wird nicht davon ablassen, bis er erhört wurde, denn er weiß: So sicher, wie der Morgen kommt, so sicher ist ihm die Antwort, auch wenn die eigentliche Befreiung noch auf sich warten lässt. Egal wie lange es dauert, er gibt nicht auf und er entlässt Gott nicht aus der Verantwortung für seine Leute.

Je länger jedoch so ein Warten dauert, desto größer werden die Zweifel, desto stärker der Wunsch, einfach aufzugeben; zu resignieren, zynisch zu werden oder sich selbst gewaltsam Erleichterung zu verschaffen, notfalls auf Kosten anderer. Da ist es gut, wenn man eine Gemeinschaft hat, die mit aushält, ausharrt, die Hoffnung immer neu anfacht. „Harre, Israel auf den Herrn!" Inständig beschwört der Dichter die Mitglieder seiner Glaubensgemeinschaft, an Gott dranzubleiben, denn Gottes innerstes Wesen ist Treue. Reichlich teilt er den Freispruch aus, kauft seine Leute frei aus der Sklaverei der Todesdynamik der Schuld. „Er wird Israel erlösen von all seiner Sünde!"

Erst hier, in der Sicherheit des Schalom-Landes, kann sich der Wanderer der Verantwortung für seine Taten stellen. Es gehört zur Würde des Menschen, auch wenn er unschuldig Opfer einer Gewalttat wurde, die Verantwortung für sein eigenes Handeln zu übernehmen – auch und gerade da, wo die Folgen der Gewalttat ihn so prägten, dass er selbst an anderen schuldig wurde. So lässt sich Psalm 129 als Schrei der Opfer, Psalm 130 als Schrei der Täter lesen. Jeder braucht Gottes rettendes Eingreifen in seiner Not. Auch die eigene Schuld kann traumatische Folgen haben, wie es vor allem Soldaten erleben, die in Kampfeinsätzen am Tod anderer Menschen schuldig werden. Allen Tätern, deren Schuld sie zu Tode bedrückt, kann Psalm 130 zum Evangelium werden, denn er verkündet, dass Gott sich jedem zuwendet, der zu ihm ruft, und ihn ganz sicher freispricht.

Im Gegensatz zu den Psalmen 124, 126 und 129 hören wir hier keinen Jubel über erfahrene Rettung. Das Lied beginnt in der Tiefe und endet mit dem Harren, mit dem hoffnungsvollen Warten auf Gottes befreiendes Handeln. In den Lebenszusammenhängen dieser gefallenen Welt werden wir immer wieder unweigerlich in die Sündendynamik verstrickt und machen uns schuldig. Und doch ist die Dämmerung angebrochen. Das Wort, auf das der Beter so sehnlichst wartete, ist gekommen. Das Wort wurde Fleisch und wohnte mitten unter uns. Es teilte unser Leben unter den Auswirkungen der Sünde und wirkte zahlreiche Zeichen der Befreiung von Krankheit, Abhängigkeit und Schuld. Dabei verweigerte es sich der Logik der eigenmächtigen Machtanwendung und ließ es zu, dass die Gewalt des Todes sich an ihm bis ans bittere Ende vollzog. Weil Christus aber sündlos blieb, das unbedingte Vertrauen in die Treue des Vaters in keinem Moment seines Lebens aufgab, hatte die Sünde keine Macht über ihn und sein Vater erweckte ihn zu einem neuen Leben. In dieses Leben nimmt er alle mit hinein, die sich ihm anvertrauen. Ansatzweise lässt sich das schon in diesem Leben erfahren. Die volle Erfüllung erwartet uns jedoch erst in Gottes neuer Welt. In diesem Leben bleiben wir Harrende, die gewiss sind, dass ihr Schreien um Vergebung erhört wird, ja schon erhört ist, und dass die Erlösung am Ende aller Dinge für alle offenbar werden wird.

Psalm 131

ZUR RUHE GEKOMMEN

Ein Aufstiegsgesang. Nach David

1 *Jahwe, nicht will mein Herz hoch hinaus,*
   nicht blicken hochmütig meine Augen
   und nicht versteige ich mich zu Dingen,
   die mir zu groß und unfassbar sind.
2 *Ja, zur Ruhe gelegt und gestillt habe ich meine*
   Seele
   wie ein entwöhntes Kind bei der Mutter,
   wie das entwöhnte Kind bei mir ist meine Seele.
3 *Harre, Israel, auf Jahwe,*
   von jetzt an und für alle Zeit.

Endlich! Endlich ist sie angekommen in der Ruhe
nach den Stürmen! In der heilsamen Sicherheit der
Schalom-Gemeinschaft waren die alten Ängste erneut
aufgebrochen, doch nun sind auch die tiefsten Tur-
bulenzen gestillt. Wie könnte man diese Ruhe besser
beschreiben als mit dem Bild eines kleinen Kindes, das
auf dem Schoß der Mutter ruht. Es überlässt sich ganz
ihrer Fürsorge, im vollen Vertrauen, dass sie alle seine
Bedürfnisse stillt, ohne Sorgen um das Morgen oder
nur den nächsten Augenblick. So sieht Urvertrauen
aus, die unerschütterliche Gewissheit, dass das Leben
es gut mit mir meint.

Ist es denn wirklich so einfach? Können wir nach all den schmerzlichen Erfahrungen von Scheitern, Verrat und Verlust einfach in diesen paradiesischen Zustand zurückkehren? Kann der geflüchtete Teenager, die geschändete Frau, das zerfurchte Volk diese Unschuld des ungebrochenen Vertrauens in das Gute zurückgewinnen? Oder flüchten wir auf der Suche nach dem ersehnten Schalom womöglich doch nur zurück in die unmündige Abhängigkeit von einem hoffentlich wohlmeinenden Versorger?

Sie hat die lange Gefangenschaft überlebt und muss jetzt ganz neu lernen, das Leben in Freiheit zu gestalten. Jede Eigeninitiative war ihr ausgetrieben worden. Nun steht sie vor einer unfassbaren Weite an Möglichkeiten und muss Verantwortung für ihr Leben übernehmen. Befreit von der Last der Ausbeuter und der eigenen Schuld muss sie erst ihren Platz in der tätigen Welt wiederfinden.

Da überrascht es nicht, wenn die Seele in Unruhe gerät, wenn das Herz im Überschwang der Freiheit Pläne schmiedet, die schlichtweg unrealistisch sind. Da werden die Augen vom Glanz des unbegrenzten Angebots verführt, sich endlich zu gönnen, was so lange unerreichbar war. Die Seele sehnt sich danach, die Grenzen zu sprengen und die Zukunft zu erobern. Die Gerettete träumt vom durchschlagenden Erfolg, von Ansehen und der Sicherheit finanzieller Ressourcen. Alles, was sie bisher entbehren musste, scheint in greifbarer Nähe, und es liegt nur an ihr, all das schnellst-möglich zu erreichen.

Auch macht sie vielleicht die Erfahrung, dass die Narben der Gewalt sie behindern, dass sie nur wenig belastbar ist und die Kräfte begrenzt. Sie erlebt neue Ausgrenzung, wo sie nicht mithalten kann im Getriebe der Welt, sieht ihre Daseinsberechtigung wieder schmerzhaft in Frage gestellt. Es scheint keinen Weg zurück zu geben ins tätige Leben der Gesellschaft. Dann schreit die Seele erneut und sucht Ruhe, wo keine zu finden ist.

Wer kennt nicht dieses innere Drängen, dass das Herz höher hinauswill, als die Seele atmen kann; dass die Augen mehr begehren, als die Seele fassen kann. An den Grenzen unserer Möglichkeiten wird die Seele unruhig, denn sie spürt, dass sie das letzte Gelingen, die letzte Sicherheit, den endgültigen Frieden nicht zu schaffen vermag.

Die Suche nach der Seelenruhe kennt viele Wege. Die eine stürzt sich in rastlose Aktivität, der andere sucht Betäubung im Warenkonsum, in Medien oder Genussmitteln. Ob Hyperaktivität oder Resignation – keines von beiden bringt echten Frieden. Wie ist es der Psalmbeterin gelungen?

Ganz aktiv hat sie ihre Seele beruhigt. Bewusst hat sie das Herz von seinen Höhenflügen zurückgeholt und die aufgescheuchten Ambitionen in realistische Bahnen gelenkt. Sie hat ihre Augen von den unerreich-baren Höhen abgewandt und auf Ziele gerichtet, die innerhalb ihrer beschränkten Möglichkeiten liegen. Sie hat begriffen, dass sie ein Geschöpf Gottes ist und dass ihre Fähigkeiten begrenzt sind. Sie ist nicht dazu berufen, das Letzte aus dem Leben herauszuholen oder die letzten Fragen zu durchdringen. Manches bleibt allein Gott vorbehalten. Diese Grenze hat die Sängerin akzeptiert und ihre Pläne und Wünsche in diesem Rahmen beschränkt. So hat ihre Seele zur Ruhe gefunden.

Auch die Freiheit des Schalom ist nicht grenzenlos. Gerade die Seele in ihrem Lebenshunger braucht Grenzen. Irgendwann wird sie sich – zum ersten Mal oder wieder neu – bewusst, dass sie sich selbst nicht retten kann, nicht vor den Feinden – den Mächten der „Sünde" –, noch vor den Auswirkungen der eigenen Schuld. Zugleich hat sie erlebt, wie Gott sie errettet, und weiß sich seitdem geborgen bei dem, der allein letzter Schutz, letzte Verlässlichkeit, letzte Sicherheit ist. Wer erfahren hat, dass Gott ihn von Feindes- und Schuldverstrickung befreit, der kann sich vertrauensvoll in den Grenzen seiner menschlichen Existenz bescheiden und die letzte Erfüllung seines Lebens dem Gott überlassen, der seine Zuwendung und Loyalität unzählige Male bewiesen hat. Diese Ruhe der Seele ist kein Rückfall in ein naives Vertrauen, dass die Welt gut ist und mir nichts geschehen kann. Sie ist auch keine kindische Regression in eine neue Abhängigkeit. Vielmehr hat sie erkannt, dass auch sie Verantwortung trägt, die Verantwortung, sich in allem Wollen und Streben der Grenzen des Menschseins bewusst zu bleiben und sich in dem zu bescheiden, was Gott seinen Geschöpfen anvertraut und womit er sie ausgestattet hat. Das letzte

Gelingen, die letzte Rettung, die letzte Frucht und die letzte Sicherheit sind Sein. In der Gewissheit, darin geborgen zu sein, liegt die Ruhe eines gereiften Lebens.

Die Sängerin dieses Liedes hat es durchlebt, eine Frau, die durch schwierige Zeiten gegangen ist. Manche Grenze konnte sie vielleicht erweitern, manche Gefängnisse verlassen. Nun sitzt sie da, das Kind auf dem Schoß, und ihr geht auf: So ist mein Gott! Wie dieses Kind vertrauensvoll bei mir ruht, so ruht meine Seele im Frieden der Demut, im Wissen um die Grenzen meines Menschseins, im Vertrauen auf den, der uns bis hierher gerettet und versorgt hat. Israel hat es erfahren, dass Gott nicht nur der Retter, sondern auch der treue Versorger ist. So lädt sie die Zuhörer ein, auch ihre Seelen bei Gott zur Ruhe zu bringen, von ihm her die wundersame Stillung des Lebenshungers zu erwarten, zu erhoffen, zu erbitten. Wie Israel es erfahren hat, so können auch wir uns sicher sein: Jetzt, in diesem Augenblick hört Gott unser Rufen und nimmt sich unser an, und seine Zuwendung wird nie aufhören, bis in alle Ewigkeit.

Psalm 132

HERR, BLEIBE BEI UNS!

Ein Aufstiegsgesang.

1 Besinne dich doch, Jahwe, wenn du an David
   denkst, all seiner demütigen Mühen,

2 als er Jahwe schwor, ein Gelübde ablegte dem
   Mächtigen Jakobs:

3 „Nie und nimmer geh ich ins Zelt, meine
   Wohnung, nie und nimmer steig ich aufs
   Lager, mein Bett,

4 nie und nimmer gewähre ich Schlaf meinen
   Augen, den Wimpern ein Schlummern,

5 bis ich einen Rastort für Jahwe finde,
   Wohnstätten für den Mächtigen Jakobs!"

6 „Seht doch! Wir hörten von ihr in Ephrata,
   fanden sie auf den Feldern Ja'ars.

7 Suchen wir seine Wohnstätten auf! Beten wir
   an vor dem Schemel seiner Füße!"

8 Mache dich auf, Jahwe, zu deiner Ruhstatt,
   du und der Schrein deiner Macht!

9 Deine Priester ziehen Gerechtigkeit an, und
   deine Treuen, sie werden jubeln.

10 Um Davids, deines Knechtes, willen weise
   doch deinen Gesalbten nicht ab!

11 Es schwor Jahwe dem David einen wahren
   Eid, nie wird er davon abweichen:

> *„Aus deiner Leibesfrucht will ich den Thron*
> *besetzen für dich.*
> 12 *Wenn deine Nachkommen meinen Bund*
> *halten, und mein Zeugnis, das ich sie lehre,*
> *dann werden auch ihre Söhne immer und*
> *ewig den Thron besetzen für dich!"*
> 13 *Ja, erwählt hat Jahwe die Stadt Zion, begehrte*
> *sie als Wohnsitz für sich.*
> 14 *„Dies ist meine Ruhstatt für immer und ewig,*
> *hier will ich wohnen, ja, ich habe sie begehrt.*
> 15 *Ihre Nahrung werde ich segnen und segnen,*
> *ihre Armen werde ich sättigen mit Brot*
> 16 *und ihre Priester kleide ich in Heil und ihre*
> *Treuen werden jubeln und jubeln.*
> 17 *Dort werde ich aufwachsen lassen ein Horn*
> *für David, habe ich aufgestellt ein Licht für*
> *meinen Gesalbten.*
> 18 *Seine Feinde werde ich kleiden in Schande,*
> *aber auf ihm glänzt sein Diadem."*

Die Sängerin von Psalm 131 hat ihre Ruhe bei Jahwe gefunden. Wie David hat sie im Laufe ihres Lebens gelernt, sich innerhalb der Grenzen ihres Menschseins zu bescheiden und den letzten Lohn für ihre Mühen von ihrem Gott her zu erwarten. Nun ermutigt sie ihr Volk, die letzte Be-Friedung immer neu in Gott zu suchen und darin auch in langen Zeiten des Unfriedens nicht aufzugeben. Doch woher nehme ich die Gewissheit, dass dieser Gott wirklich durch alle Verwerfungen und schuldhaften Verstrickungen meines Lebens bei mir bleibt? Wie kann ich sicherstellen, dass Gott mich mit seinem lebenspendenden Segen am Ende nicht doch im Stich lässt?

Diese Fragen scheinen die Sänger von Psalm 132 umgetrieben zu haben. Aus ihrem Lied klingt eine tiefe Sehnsucht, Gott wahrnehmbar in ihrer Mitte zu wissen. So bitten, ja, drängen sie Gott, sich spürbar und dauerhaft bei ihnen niederzulassen, damit sein Segen ihr Leben durchdringe. Sie erinnern sich an Gottes Geschichte mit seinem Volk und sie erinnern Gott an seine Zusage der Treue, die er seinem Volk gegeben hatte, als er sich Jerusalem zum Wohnort erwählte.

Nach vielen Jahren der Flucht und des Krieges hatte David endlich Ruhe in seinem Palast gefunden. Nun wollte er auch für Gott ein Haus bauen, das seiner würdig war und in dem er sich niederlassen konnte. Hier sollte die Bundeslade ihren endgültigen Platz finden, nachdem sie jahrhundertelang von einem Orts- heiligtum zum anderen gewandert und zwischenzeit- lich sogar in die Hände der Feinde gefallen war. Zwar baute David den Tempel nicht mehr selbst, aber er bereitete alles bis ins letzte Detail vor, entwarf den Bau- plan, besorgte das beste Baumaterial, das die Welt zu bieten hatte, und organisierte den Dienst der Priester und Leviten, um die Gottesdienste und Opferfeiern abzuhalten. Als Salomo schließlich den Tempel einweihte, zog die Herrlichkeit Gottes sichtbar in seine Wohnstätte ein.[12]

An diese rastlosen Mühen Davids erinnern sich die Sänger und als Vertreter ihres Volkes erinnern sie Gott daran und bitten ihn, sie um der Demut seines erwählten Königs David willen zu erhören und sich wieder in ihrer Mitte niederzulassen. Zudem erinnern sie sich und Gott an die Zeit, als sich das ganze Volk zur Zeit Davids aufmachte, um Gott zu suchen und die Bundeslade, das Symbol seiner Gegenwart, nach Jerusalem zu holen. Sie wussten, dass nur Gottes Anwesenheit echten Schalom schaffen kann – nachhaltigen Frieden, der auf Gerechtigkeit gründet und in gelösten Jubel über die Rettung vor den Feinden des Lebens mündet. Schon Psalm 122 singt von der Gottesgemeinschaft und der Gerechtigkeit in der Friedensstadt und weiß zugleich, wie gefährdet dieser Schalom ist. Der Wunsch und die Bitte „Friede über Israel" durchzieht den gesamten Zyklus der Aufstiegslieder. Nun suchen die Sänger nach einer Versicherung, dass Gott seine Friedensstadt nicht wieder verlassen wird. Sie schauen zurück auf sein früheres Wirken und gewinnen so neue Gewissheit, dass Gott für sie und bei ihnen ist und bleibt – für immer und ewig.

David wollte Gott ein Haus bauen, weil er als Mensch nicht in einem prächtigeren Palast wohnen wollte als

---

12   1. Könige 8,10f.

Gott. Doch Gott ließ es nicht zu. Stattdessen versprach er David, ihm ein ewiges Haus zu bauen: eine ewige Dynastie von Königen aus seinen Nachkommen, die in alle Zukunft Gottes gerechte und gnädige Herrschaft über sein Volk ausüben sollten – solange sie nach dem Vorbild Davids Gott treu blieben. Doch die Könige verließen Gottes gute Wege und gestalteten ihre Herrschaft nicht in Ehrfurcht vor und im Vertrauen in ihn. Sie sorgten nicht für Gottesfurcht und Gerechtigkeit im Land, sondern nutzten selbst ihre Macht, um sich auf Kosten der Schwächeren zu bereichern. Viele Generationen lang mahnte und warb Gott durch seine Propheten um die Könige und sein Volk, doch ihre Worte blieben ungehört. Schließlich setzte er der anhaltenden Unrechtsherrschaft ein Ende. Der Prophet Hesekiel sah in einer dramatischen Vision, wie Gottes Herrlichkeit den Tempel verließ.[13] Gott gab seine Wohnung auf und König und Volk dem Heer der Babylonier preis, die sie in die Verbannung führten. Nun ist das Volk zurückgekehrt in sein Land und sucht einen Neuanfang, doch sie wissen: Sie haben nichts, was sie Gott noch bieten könnten, damit er ihnen seine heilsame Gegenwart gewähre. Sie hatten ihn verraten, in seinem Tempel fremden Göttern geopfert und alle guten Lebensregeln eines gerechten und barmherzigen Miteinanders mit Füßen getreten. Damit haben sie jedes Recht auf die segnende Anwesenheit Gottes

---

13   Hesekiel 10 + 11.

verspielt – und sind doch notwendig darauf angewiesen, dass er ihrem Bauen und Wachsen Gelingen gibt. Ihnen bleibt nur, zu ihm zu flehen. Sie können sich nur auf Gottes Zusage an David berufen, seinem Volk ewig treu zu bleiben. So wagen sie es, Gott an die Mühen Davids zu erinnern und an den Eifer ihrer Vorfahren, Gott in ihre Mitte zu holen.

Und Gott lässt sich bitten und mehr! Er gibt dem flehenden Volk eine Zusage, die über alles hinausgeht, was sie sich erhoffen: „Dies ist meine Ruhstatt für immer und ewig, ja, hier will ich wohnen, denn sie habe ich begehrt." In diesen leidenschaftlichen Worten klingt die Sehnsucht eines Verliebten an, endlich und endgültig bei seiner Geliebten einziehen zu können. Nichts wünscht er sich sehnlicher, als seine Menschen mit Heil zu überschütten, bis alle, die ihm die Treue gehalten haben, nicht mehr aufhören können zu jubeln. Die Sänger erbitten Gerechtigkeit – er will sie mit umfassendem Heil beglücken, mit Heilung und der Vernichtung aller lebenszerstörenden Mächte.

Zugleich überträgt er ihnen eine hohe Verantwortung. Wer von Gott selbst mit der Amtstracht der Gerechtigkeit und des Heils gekleidet wird, steht in der Pflicht, diesen Anspruch in die Tat umzusetzen und in all seinem Tun und Lassen dieser Ehre gerecht zu werden. Nein, unser Heil hängt nicht davon ab, dass wir es „richtig" machen. Gott wird jedoch alle, die in Verantwortung stehen und darin Macht haben, Leben zu schädigen oder zu fördern, zur Rechenschaft dafür ziehen, wie sie ihre Möglichkeiten genutzt haben –

ob zum Jubel des Volkes oder zu dessen Klage. Viele Könige und Priester Israels hatten hier schmerzhaft versagt, doch wo immer jemand seine Herrschaft im Vertrauen auf Gott und in Einklang mit seinen Geboten ausübt, schafft er Räume, in denen sich Gottes Segen ausbreiten und vermehren kann. Da werden die Hungrigen satt, die Geschädigten heil und die Menschen glücklich und frei – bis heute. Da, wo Gott Raum zum Wohnen gewährt wird, offenbart er die Herrlichkeit seines Sohnes, des Nachkommens Davids auf dem Thron, Jesus Christus, vor dem sich am Ende alle Feinde des Lebens beugen müssen, während seine Herrschaft in Ewigkeit strahlen wird.

Nein, wir können uns Gottes Gegenwart nicht erarbeiten. Auch wenn wir es noch so „richtig" machen – er selbst entscheidet, wo und wie er uns seinen Segen gewährt. Er hört unser Flehen um seine Zuwendung und gleichzeitig ist er immer schon da. Nichts wünscht er sich sehnlicher, als in unserer Mitte, in der Mitte seiner Gemeinde, im Lebenszentrum jedes Einzelnen Wohnung nehmen zu dürfen. Gott versichert dir und mir und seiner ganzen Gemeinde: Ich bleibe, weil ich es so will. Bis ans Ende und darüber hinaus. In Jesus, dem Davidsohn, fand dieses Versprechen die letzte Erfüllung. In ihm kam Gott in Israel für alle Welt zur Welt, um für immer mit seiner heilenden Gegenwart bei den Seinen zu bleiben.

Psalm 133

GEMEINSCHAFT IM SEGEN

Ein Aufstiegsgesang. Nach David

1 *Seht doch, wie gut und wohltuend ist es,*
  wo Brüder einmütig zusammensitzen.
2 *Wie das gute Öl auf dem Haupt ist es,*
  herab fließt es in den Bart,
  den Bart Aarons, herab fließt es bis zum
  Saum seiner Gewänder,
3 *wie Tau vom Hermon herabfließt auf die*
  Berge Zions
  ja, dort bestellt Jahwe den Segen,
  heute und bis in die Ewigkeit.

Seht doch! Was für ein Wunder! Sie wohnen zusammen und streiten nicht! Sie essen zusammen und vertragen sich! Sie arbeiten zusammen und sind sich einig! Dass es so etwas wirklich gibt!

So mag sich der Flüchtling aus dem Kriegsland wundern, wenn er die feiernde Festgemeinde im Friedensland erlebt. Endlich kann er sich sicher sein, dass ihm niemand mehr mit seinen Lügenlippen und spitzen Pfeilen in den Rücken fällt. Solch ungläubiges Staunen mag das misshandelte Kind erfassen, wenn es aus der gewalttätigen Umgebung in eine warmherzige Pflegefamilie kommt. Endlich ist es Teil einer Gemeinschaft von Geschwistern, die ihm wohlwollen. Es kann sein Misstrauen fallen lassen und sorglos das Miteinander genießen. Gerade mit Brüdern und Schwestern ist das ja so eine Sache – je näher man sich ist, desto größer sind die Reibungspunkte und desto genauer weiß mein Gegenüber, wo es mir wehtun kann. Wir sind auf Gemeinschaft hin geschaffen, und umso wohltuender ist ein vertrautes Miteinander, in dem jeder das Seine beiträgt und jeder jedem das Seine gönnt.

Wie kann eine solche Gemeinschaft den Frieden bewahren? Wir haben es in den vorigen Psalmen gesehen: Wo Gott in der Mitte wohnt, haben die Streithähne keine Chance. Wo er sich niedergelassen hat, können sich auch seine Leute in Einigkeit niederlassen und den Frieden bewahren. Eine solche Gemeinschaft wirkt wie linderndes Öl auf den Wunden, welche die Trugzungen geschlagen haben. Sie heilt und erfrischt und schafft Raum für ausgelassene Feiern, an denen das duftende Öl eine festliche Stimmung verbreitet. Hier wird der Segen Gottes spürbar, der auf die Glaubensgeschwister herabfließt wie das Öl der Weihe auf den Hohepriester, der seinerseits den Segen Gottes an die Gemeinde weitergibt.

Hier in der Zionstadt, in der Gott sich niedergelassen hat, kommt dem Pilger von oben her alles entgegen, was das Leben lebenswert macht: Leben spendender Segen und Leben fördernde Gemeinschaft. Hier treffen sich der Aufstieg des Menschen aus den Tiefen und das Herabkommen Gottes aus den Höhen. In der Gegenwart Gottes, in der Gemeinschaft der Friedensmenschen, kommt uns auf unserem Lebensweg das Entscheidende immer schon entgegen. Wie Tau aus den Höhen der Berge das umliegende Land erfrischt, so belebt und ermutigt die einige Gemeinschaft jedes ihrer Glieder. Hier findet jeder seinen Raum für ein fruchtbares und gelingendes Leben.

Da, wo Gott wohnt, sorgt er selbst dafür, dass seine Lebenszusage und sein Leben förderndes Wirken den Ort durchdringen und ihn nie mehr verlassen werden. Wie ein Soldat den befohlenen Posten nicht eigenmächtig verlassen darf, so ist der Segen an die Gottesstadt gebunden. Weil Gott selbst sich für immer in Zion niedergelassen hat, wird in seiner Friedensgemeinschaft das Leben nie aufhören. Im Kriegsland begriff unser Pilger, dass seine Seele im Land des ewigen Streites zugrunde gehen würde. So floh er aus Meschech und Kedar und durfte nach einem langen, beschwerlichen Weg endlich erleben, dass sich all seine Hoffnungen erfüllten: In der Gottesstadt, im Kreis der Schalom-Gemeinschaft, erwartet ihn ewiges Leben. Was die Sänger dieses Psalms nur vage geahnt haben, hat sich heute in aller Klarheit erfüllt: Jesus Christus hat den Tod überwunden und nimmt seine Schalom-Gemeinschaft mit in die Ewigkeit, die er ihr durch sein Leiden, Sterben und Auferstehen eröffnet hat. Der Gesalbte Gottes kommt selbst zu seinen Leuten und geht ihnen ins ewige Leben voran.

Psalm 134

GESEGNET!

Ein Aufstiegslied

1 Auf und segnet Jahwe, all ihr Knechte Jahwes,
   die ihr steht im Hause Jahwes des Nachts!
2 Hebt eure Hände zum Heiligtum hin und
   segnet Jahwe!
3 Es segne dich Jahwe von Zion her,
   der Schöpfer von Himmel und Erde.

Hier im Tempel, in Gottes Gegenwart, endet die Reise.
Die lange Fahrt mündet in den letzten Hafen: in den
Lobgesang zum Schöpfer von Himmel und Erde. Die
Strapazen sind zu Ende, die Freude über den Neu-
anfang entlädt sich in dankbarem Jubel. In Lied und
Gebet spiegeln die Sänger Gott den Segen zurück, den
er über ihnen ausgeschüttet hat. Wer in der Ferne nicht
mitsingen kann, ermuntert die Profis, die Priester des
Tempels, den Lobgesang beständig aufrecht zu erhal-
ten, so wie Gott beständig am Wirken und Segnen ist.

Wie Gott seinen Leuten Gedeihen für ihre Arbeit
gibt, so geben sie ihm Dank und Anerkennung dafür
zurück, dass er wahrhaft die Quelle allen Gelingens
ist. Wie Jahwe sie überfließend von Zion her segnet,
so singen sie unablässig ihr Lob zu seinem Heiligtum hin. Erfrischt vom herabfließenden Segen Gottes

lassen sie Lieder aufsteigen, die Gott in der Höhe die Ehre geben. Die Berakha, der Segensspruch über Gott, ist die höchste Form des Lobpreises, die Israel seinem Gott beständig darbrachte und immer noch bringt, sei es beim Tischgebet, zu Beginn des Schabbats oder im Gottesdienst. So wie die Sänger im Tempel rund um die Uhr das Lob Gottes aufrechterhalten, so durchdringt es den Alltag des Gottesmenschen als höchste und letzte Antwort auf sein befreiendes Handeln. Gott ist beständig am Werk, uns zu befreien und uns in ein gelingendes Leben zu leiten. Wo wir ihn dafür in Dankbarkeit loben, entsteht ein Kreislauf des Segnens und Gesegnet-Werdens, der uns beständig zurückführt zum letzten Ziel aller Wege: zum Gotteslob.

Hier könnte es enden. Hier auf dem Höhepunkt der Wallfahrtsfeier, im überschwänglichen Jubel über die unfassbaren Taten Gottes, der noch aus der tiefsten Todesnot rettet und neues Leben erschafft. Doch noch einmal hebt eine neue Stimme an: „Es segne dich Jahwe von Zion her, der Himmel und Erde geschaffen hat." Auf dem Höhepunkt festlicher Freude weitet sich noch einmal der Blick über Zion hinaus in die Welt. Nicht jeder kann sein Leben im Dienst des Tempels verbringen. Nicht jeder kann in Jerusalem wohnen. Nach jedem Wallfahrtsfest kehren die Pilger in ihre Heimatorte zurück. Der Festjubel wird vergehen, der größte Teil unseres Lebens besteht aus dem ganz unspektakulären Alltag, doch mitten in diesen Alltag hinein sagt uns der Sänger zu: Gott segnet dich von Zion her! Der Segen Gottes verfolgt die Seinen bis in die schlichtesten Handlungen ihrer täglichen Mühen. Von Zion her geht Gottes Segen beständig aus in die ganze Welt und wird auch dich damit erreichen, wohin auch immer das Leben dich noch verschlagen mag. Dürfen wir darin vielleicht sogar eine Hoffnung lesen für Meschech und Kedar? Als Gesegnete Gottes bringen wir seinen Segen mit, wohin immer wir gehen. Aus Geheilten werden Heiler, aus Kriegsflüchtlingen können Friedensboten werden. Der Geist Gottes hat in uns Wohnung genommen als seinem heiligen Tempel. In jeder Begegnung zum Frieden wirkt er mit seiner befreienden Kraft zum Heil unseres Nächsten und reicht Gottes Segen weiter, wie Gott seinen Segen auf uns ausgegossen hat. Noch einmal öffnet sich neuer Lebenssinn jenseits unseres eigenen Strebens, dem Leben Ziel und Sinn zu schaffen. Aus der Sicherheit der Gottes- und Glaubensgemeinschaft heraus gerät die Welt noch einmal ganz neu in den Blick. Wir werden nach den schweren Zeiten der Flucht und der Neuorientierung in ein neues Leben entlassen, in dem wir Segen in die Welt tragen. Von der Friedensstadt, in der sein Lob gesungen wird, geht Leben schaffender und Leben fördernder Segen aus in die gesamte Schöpfung, wo immer die Friedensgemeinschaft den Segen Gottes über sie ausspricht und in sie hineinträgt.

THE ROAD GOES EVER ON AND ON

„Wie knüpft man an an ein früheres Leben? Wie
macht man weiter, wenn man tief im Herzen
zu verstehen beginnt, dass man nicht mehr
zurückkann. Manche Dinge kann auch die Zeit
nicht heilen. Manchen Schmerz, der zu tief sitzt
und einen fest umklammert."

Frodo in „Der Herr der Ringe"[14]

Der Geflüchtete ist im Friedensland angekommen und
hat sich eine neue Existenz aufgebaut. Die Nachbarin
hat die Folgen des Unfalls überwunden und wieder
Fuß gefasst im Leben. Die junge Frau hat sich aus den
destruktiven Abhängigkeiten befreit und neue, wohl-
tuende Beziehungen geknüpft. Doch die Erinnerungen
sind nicht gelöscht, die Wunden hinterlassen Narben,
das Erlebte wird immer Teil der eigenen Identität bleiben. Das Leben danach wird nie wieder so werden, wie
es vorher war. Auch der Auferstandene trägt noch die
Spuren des Leidens an seinem Leib. In diesem Leben
werden wir keine völlige Heilung geschlagener Wunden
erleben. Gemeinde Gottes ist die Gemeinschaft der
Geretteten, die schon in dieser Welt, in der die Todes-

---

14   „Die Rückkehr des Königs", Special Extended DVD Edi-
      tion, heimwärts, 1:38:38.

mächte noch ihr böses Spiel treiben, nach Gottes guten Lebensregeln lebt und den Weg des Schalom sucht. Dabei schafft sie hier und da Oasen des Friedens, in denen die Überlebenden aufatmen und Schritte der Heilung tun können. Sie hält mit den Geschichten von Gottes Rettungstaten und den Liedern von Klage und Lob die Hoffnung auf ein Leben wach, das dem Zugriff des Todes entzogen ist. In den kleinen und großen Rettungen dieses Lebens verwirklicht sich das Versprechen Gottes, dass er für die Seinen ist und für sie eintritt. Indem die Gemeinde diese Zuversicht gegen allen Anschein verkündet, besteht sie vor aller Welt darauf, dass Gott seine Verheißungen wahr machen wird. Wo sie den Geflüchteten und Gestrauchelten beisteht und eine Heimat bietet, schafft sie schon in dieser Welt Räume des Schalom, in denen heilsames Leben möglich ist.

Für die Gemeinschaft der Gottesleute gibt es kein endgültiges Ankommen im Hier und Jetzt. Der Friede Zions ist ständig gefährdet. Was geschah, kann jederzeit wieder geschehen, denn die Todesmächte dieser Welt haben noch immer Macht, Leben zu schädigen und zerstören. In solchen Zeiten können Lieder wie diese Aufstiegslieder daran erinnern, dass Todesmächte nur vorübergehend mächtig sind, dass sie nicht das letzte Wort haben, dass es Rettung und Heilung gibt. Die Bilder der Hoffnung ermutigen, auch in Meschech und Kedar den Blick auf Gott zu bewahren und ständig den Weg zu dem zu suchen, von dem allein Segen und Leben sind. Indem wir uns gegenseitig zusingen und zusprechen, dass Gott die Seinen auch in den Tiefen des Lebens nicht verlässt, halten wir die Gewissheit wach, dass unser Leben in Ewigkeit aufgehoben ist, egal, was uns hier noch geschieht.

Die Dichter der Aufstiegspsalmen wussten, wie wenig sie selbst zum Erhalt des Schalom in dieser Welt beitragen konnten, wie gefährdet der Friede ist und damit auch sie selbst. Sie wissen sich völlig darauf angewiesen, dass Gott sie und den Frieden, die sichere Gemeinschaft und den sicheren Ort, vor den Mächten der Gewalt und des Todes schützt. In einer Welt, die von den Flashbacks der Zerstörung und des Todes durchzuckt ist, verkünden sie Bilder der Rettung und Heilung. Sie bezeugen, dass Gott die Seinen jederzeit im Blick hat und dass es auch in den ausweglosesten Situationen Hoffnung gibt, weil Gott selbst vor den Mächten des Todes rettet und Heilung bewirkt. So lassen sie „Flashaheads" aufblitzen, eindrückliche Einblicke in das Leben im Heil und im Schalom, wie es von der Schöpfung her gemeint war und wie es schließlich in Ewigkeit bestehen wird.

Die Autorin und der Text

DANK UND AUSBLICK

In dieses Buch flossen viele Aspekte meines bisherigen Lebens ein: Literaturwissenschaft und Theologie, zahlreiche Reiseerlebnisse, und Erfahrungen in der Erwachsenenbildung und in der Buchbranche. Die wertvollsten Impulse kamen jedoch von lieben Menschen, die mich beständig herausfordern und ermutigen, mich der Frage zu stellen: Bewährt sich der Glaube in dem, womit das Leben uns ganz konkret konfrontiert? Kann meine Theologie darin Orientierung bieten und dazu beitragen, das Leben in Hoffnung in die Zukunft hinein zu gestalten?

Die 15 Betrachtungen sind in einem solchen Prozess über zwei Jahre hinweg entstanden, in dem mir die Aufstiegslieder zu wertvollen Begleitern wurden. Ein paar Menschen haben besonderen Anteil an der Entstehung dieses kleinen Bandes gehabt: Prof. Dr. Julius Steinberg mit inspirierenden Einblicken in die Welt des Alten Testaments während seiner Vorlesungen und Seminare an der Theologischen Hochschule Ewersbach; Prof. Dr. Klaus Haacker mit seinen scharfsichtigen Anmerkungen zum Text; Kristina Althaus mit wertvollen inhaltlichen Impulsen und ganz viel moralischer Unterstützung, und David Neufeld mit seiner umsichtigen Begleitung des Herstellungsprozesses. Vielen Dank euch und allen, die anderweitig Anteil an diesem Projekt genommen haben!

Für alle, die noch tiefer schürfen wollen, hier ein paar Veröffentlichungen, die ich selbst mit Gewinn gelesen habe:

- Margaret Lincoln: *Ich suche allerlanden eine Stadt. Stationen einer Pilgerreise*. Vandenhoeck & Ruprecht, Göttingen 1996.

- Kurt Marti: *Die Psalmen. Annäherungen*. Radius Verlag, Stuttgart 2004.

- Eugene H. Peterson: *Die Seele geht zu Fuß. Glauben in einer beschleunigten Welt*. Brunnen Verlag, Gießen 2006.

- Erich Zenger: *Psalmen*. Verlag Herder, Freiburg 2011.

- Erich Zenger, Frank-Lothar Hossfeld: *Psalmen 101–150* (Herders Theologischer Kommentar zum Alten Testament). Herder Verlag, Freiburg 2008.

Meine Entdeckungen und Fragen:

. . . .

. . . .

. . . .

. . . .

. . . .

. . . .

. . . .

. . . .

. . . .

. . . .

. . . .

. . . .

. . . .

....

....

....

....

....

....

....

....

....

....

....

....

....

....